# 小論文これだけ!

## 模範解答 人文・情報・教育編

樋口裕一／大原理志

東洋経済新報社

# はじめに――人文・情報・教育系の、そのまま使える「模範解答例」と「悪い解答例」を紹介

大学受験に「小論文」の科目が定着して久しいですが、「小論文の勉強の仕方がよくわからない」という受験生はまだまだ少なくありません。理系の受験生ほど、そうかもしれません。

一方、人文系や教育系の受験生には、もともと作文の得意な人も多く、「小論文も作文と同じように書けばいいんだろう」と、小論文を真面目に勉強しない人も多いようです。

しかし、それは間違いです。「小論文」には、作文とは違う勉強が必要です。人文系の場合、人間性やコミュニケーションといった、単純に割り切れないテーマがしばしば出題されます。それゆえに、課題のテーマを的確に捉え、それを論理的に判断し、論じる能力が、小論文試験には求められます。

本書は、人文・情報・教育系を志望する受験生が小論文の力をつける最良の1冊です。第1部「書き方」編では、小論文と作文の違いからはじまり、小論文の基本的な書き方から、人文・情報・教育系の小論文問題の特徴、出題タイプ別の書き方まで、くわしく丁寧に解説しています。

まずはこの部分をしっかり読んで、小論文の基礎を身につけてください。

そして、第2部「模範解答」編では、近年の人文・情報・教育系でよく出る10のテーマをピックアップし、典型的な課題を過去問題から選んで、それぞれ3種類の「模範解答例」と、添削付きの「悪い解答例」を紹介しています。

いい小論文を書くためには、いい小論文をたくさん読み、そのエッセンスを吸収する必要があります。本書の「模範解答例」は、いたずらに難解で高度なものではなく、基礎ができていて知識があれば、一般の受験生でも十分書ける内容になっています。

もちろん、ただ解答例を読むだけでは、なぜそれが「いい小論文」なのかわからないかもしれません。

そこで、課題ごとに「課題の解説」「攻略のポイント」を用意し、課題へのアプローチの仕方を丁寧に説明しています。それらを読んだうえで「模範解答例」を読めば、どんな答案が高評価につながるのか、実感できるでしょう。そのうえで、「自分ならどう書くか」を考えて、実際に書けば、さらに実践的な力がつくはずです。

本書を武器として、みなさんが志望校の合格を勝ち取ることを、心から祈っています。

目次

## 第2部 「模範解答」編

# 第1部

# 「書き方」編

# 1 小論文のキホンのキ

## 1 小論文とはどんなもの？

小論文と作文は、まったく違うものです。

作文というのは、自分が体験したことや感想を書いて、読む人にも同じような気持ちにさせたり、そのときの様子をありありと見えるよう感じさせたりしようとする文章です。それに対して、**小論文というのは、社会で起こっている出来事などについて「意見」を書いて、それが正しいことをしっかりと説明する文章**です。

もっと具体的にいうと、**小論文とは、ある問題についてイエスかノーかを答える文章**です。

たとえば、「現代のコミュニケーションについて」というテーマに対して、友だちとのコミュニケーションに悩んでいるとか、ＳＮＳでどんなコミュニケーションをしているかといった話を書いても、作文にしかなりません。また、現代のコミュニケーションについて新聞などに書いてある論評をそのまま書いても、それだけでは小論文にはなりません。

現代のコミュニケーションについて、イエスかノーかで答えられる問題、たとえば「現代では、ＳＮＳなどの発達によって対面コミュニケーションが減っているが、それは好ましいことか」などの問題を、まず考えます。

それに対して**イエスかノーかを判断し、その理由を論じることで、はじめて小論文になる**のです。

## 2 小論文には「型」がある

小論文を上手に書く大事なコツがあります。**最も大切なのは、「型」を守ること**です。

**小論文とは、論理的に書くもの**です。

「論理的に書く」といわれても、わかりにくいかもしれませんが、**「論理の手順に従って**

**書く」と考えればわかりやすい**でしょう。

そして、**「手順に従って書く」ために、最も近道なのは、「型」を守ること**なのです。

次に紹介する「型」を守って書けば、自動的に論理的な文章になります。

課題によってはこの「型」どおりでは書きにくいこともありますが、「型」を守ることが、論理的に書くことの基礎なので、まずはこれを書けるようにマスターしてください。

私が「小論文の型」と呼んでいるのは、次のような四部構成の書き方のことです。

ほとんどの場合、小論文は400字程度から800字程度の字数で書くことが求められますが、その場合は、原則としてこの書き方で対応できるはずです。

## 第1部「問題提起」

与えられたテーマをイエス・ノーの問題にして、論点を明確にする部分です。

「現代のコミュニケーションについて」のようなテーマの場合は、先ほどのように、ここで「現代では、SNSなどの発達によって対面コミュニケーションが減っているが、それは好ましいことか」などのイエス・ノーの問題にします。

課題文があって、それについて論じる小論文問題のときには、ここで課題文の主張をまとめたうえで、その主張に対して問題提起をします。

テーマの性質上、課題文に反対しにくい場合などは、問題提起の代わりに結論から始めてもかまいません。

また、○○のあり方や、今後の対策・課題などが問われている場合は、イエス・ノーの問いかけの代わりに、「私は、○○はこうあるべきだと考える」「私は、こういう対策をすべきだと考える」などのように、自分の考えをズバリ示して始めます。

分量としては、全体の10～20パーセントが適当です。

## 第2部「意見提示」

この部分で、問題提起に対してイエス・ノーのどちらの立場で書くかをはっきりさせます。

ここは、「確かに……。しかし……」という構文を使うと、書きやすいでしょう。「確かに……」で予想される反対意見を説明したうえで、「しかし……」で自分の意見をいいます。そうすることで、「きちんと反対意見を考えたうえで判断していますよ」とアピールできます。また、字数稼ぎにもなります。

全体の30パーセントほど書くといいでしょう。

### 第3部「展開」

ここで、イエス・ノーの根拠をしっかりと説明します。

小論文でいちばん大事なのは、この部分です。イエス・ノーの根拠が、読んでいる人に納得がいくように説明できているかどうかで、その小論文の価値が決まります。

全体の40〜50パーセントを占めます。

### 第4部「結論」

問題提起に対するイエス・ノーをもう一度まとめて、改めて自分の立場を明確にする部分です。作文のように、努力目標を付け加えたり、余韻をもたせたりする必要はありません。

全体の10パーセント以下で十分です。

## まとめ

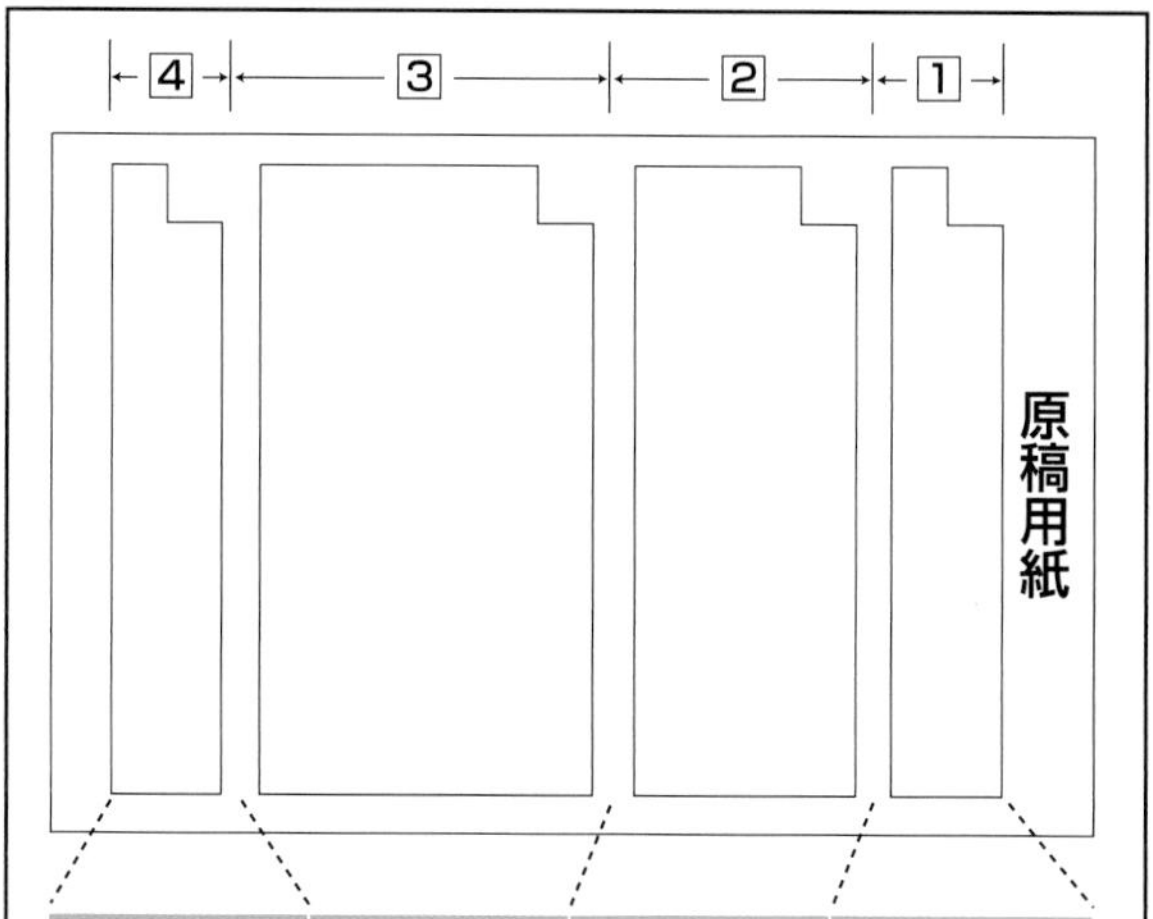


基本形・書き出し例

| 問題提起 10〜20% | 意見提示 30%前後 | 展開 40〜50% | 結論 10%以下 |
| --- | --- | --- | --- |
| 「……だろうか。」 | 「確かに、……。しかし、……。」 | 「なぜなら、……。」<br>「その背景には……。」<br>「そもそも○○とは、……。」 | 「以上により、……。」<br>「したがって、……。」 |

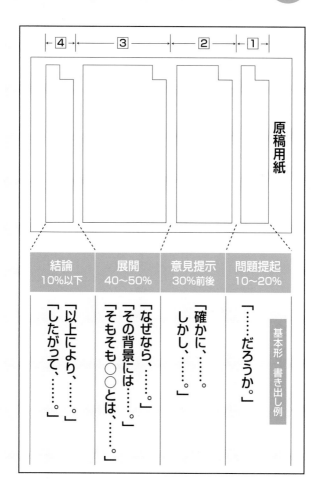

ちなみに、多設問の形式の場合、200～300字程度で「意見」を求められる問題が出ることもあります。
この場合は、二部構成の「A型」を使って書くといいでしょう。

**A型**

★第1部……問われている事柄について、イエスかノーかの結論をズバリ書く。または、対策などについて、自分の考えを簡潔に示す。
★第2部……それについて、なぜそう思うのかという根拠や、くわしい内容などを説明する。

次に、同じテーマの課題に対して、四部構成と、二部構成（A型）で書いた例をそれぞれあげておきます（二部構成のB型〈A型の第1部と第2部を逆にした形〉については48ページを参照してください）。

●四部構成で書いた小論文の例（テーマ「現代のコミュニケーションについて」、600字程度）

現代では、SNSなどの発達によって、インターネットを介したコミュニケーションが増える一方で、対面コミュニケーションが減っているといわれている。それは、はたして好ましいことだろうか。

確かに、対面コミュニケーションが減ることには問題点もある。人は、普通、相手のちょっとした表情や身振りの変化を見ながらコミュニケーションを進め、相手との信頼関係を築こうとする。オンラインではそれができないので、どうしてもコミュニケーションが表面的なものになりがちだ。しかし、私は対面コミュニケーションの減少が必ずしも悪いこととは考えない。

対面コミュニケーションの欠点は、同調圧力が強まりやすい点だ。たとえば、相手から面と向かって言われたことは、たとえそれが不当な内容でも、逆らったり断ったりするのは難しい。それは、言葉以外の表情や身振りから、無言の圧力を感じ取ってしまうからだ。日本人はとくにそうした同調圧力を感じやすく、それを拒否するといじめの対象になることもある。オンラインのコミュニケーションであれば、そうした圧力を感じることが少ないので、一人ひとりがもっと自由に自分の意思をあらわすことができるだろう。価値観の多様化が進むこれからの日本社会においては、むしろそうしたオンラインのコミュニケーションのメリットを活かすべきだ。

したがって、私は現代において対面コミュニケーションが減っていることは、必ずしも悪いことではないと考える。

●二部構成（A型）で書いた小論文の例（テーマ「現代のコミュニケーションについて」、200字程度）

現代では、SNSなどの発達によって、対面コミュニケーションが減っているといわれているが、それは好ましいことではない。人は、言葉だけでコミュニケーションをするわけではない。相手のちょっとした表情や身振りの変化を見ながらコミュニケーションを進め、相手との信頼関係を築こうとする。だが、オンラインではそれができないので、どうしてもコミュニケーションが表面的なものになりがちだ。そのため、人間関係も希薄になり、人々がいっそう孤立化する恐れがある。

## 2

# 小論文の「6つのルール」を知ろう!
## ――実際に書く前に

小論文は、手紙や作文と異なって、文章の書き方のルールがあります。まずは、小論文らしい文章の書き方について説明しましょう。

一言でいえば、**小論文は文章体で書くのが原則**です。

流行語を使ったり、方言を使ったり、俗語を使ったりするべきではありません。文章を書くときの言葉を使います。

**いちばん手本になるのは、新聞の文体**です。新聞は、文章体で書かれています。**段落の変え方、句読点の打ち方、送り仮名のつけ方なども、新聞の真似をするといい**でしょう。

ほかにも、次に紹介する「6つのルール」があります。

6つのルールを知ろう！

①小論文は「だ・である」調にする

**「だ・である」調（常体）で書くのが原則**です。

「です・ます」調（敬体）は友だちや先生など、よく知っている人に向かって語るときの書き方なので、小論文には使いません。

6つのルールを知ろう！

②一文を短くする

難しい言葉を使うのではなく、わかりやすい言葉で書くのが原則です。

そのためには、一文を短くすることが大事です。一文が長いと、わかりにくくなってしまいます。

**一文を60字以下にして、主語・述語を意識しながら書く**ように心がけましょう。

6つのルールを知ろう！

③話し言葉で書かない

**話し言葉を使ってはいけません**。

とくに流行語・略語・俗語などは避ける必要があります。

はじめのうちは意識して書いていても、ついそのような言葉を使ってしまうことがあるので、注意しましょう。

また、**自分のことも、男女を問わず、「私」と呼ぶのが原則**です。

6つのルールを知ろう！

## ④弁解しない

「私にはこんな難しいことはわからないが」「これまで、このようなことは一度も考えたことがないが」というような弁解を書いてはいけません。

また、「何がいいたいかわからなくなってしまったが」「まとまりのない文章になってしまったが」などとも書くべきではありません。

**自分の意見に自信をもてなくても、はっきりと意見を書くのがルール**です。

6つのルールを知ろう！

## ⑤原稿用紙の正しい使い方を守る

原稿用紙にも書き方の決まりがあります。

知られていない決まりもあるので、注意が必要です。

## 原稿用紙の使い方

①必ず楷書（学校で習った文字）で書く。くずし字や略字を書いてはいけない。

②書き出しと段落の初めは必ずひとマスあける。

③ひとマスに原則として１字を埋める。句読点（マル・テン）やカッコなども、ひとマス分をとる。

④行の最初に句読点や閉じカッコをつけない。これらが行の最初にくるときは、前の行の最後のマス目の中に加える。この規則を知らない人が多いので、とくに注意。

⑤数字は縦書きのときは、漢数字を使うのが原則。横書きの場合も熟語などは漢数字を用いるが、数量をいうときには算用数字を使う。また、横書きの場合、数字とアルファベットはひとマスに２字入れるのがふつう。

## ⑥制限字数を絶対に守る

**制限字数は絶対に守らなくてはいけません。**「○○字以内」とあれば、必ず字数以内に書きます。

できれば、制限字数の90パーセント以上、つまり、「600字以内」のときには、540字以上を書くのが理想的ですが、80パーセントを超えていれば、許容範囲でしょう。半分以下しか書いていない場合、0点にされることがほとんどです。

また、「○○以内」とされているのに、その**字数を超えてしまった場合は、たとえ1字だけでも、0点にされます。**

**「○○字程度」という場合には、プラス・マイナス10パーセントが望ましいですが、20パーセント程度は許されます。**

もちろん「○○字」という場合、特殊な場合を除いて、句読点やカッコ、あるいは段落変えによって生じた空白も字数に加えます。

# 3 知っておきたい！人文・情報・教育系の小論文の特徴

## 1 人文・情報・教育系の小論文の特徴は？　各学部にふさわしい適性は？

**大学入試の小論文には、多かれ少なかれ、適性検査の面があります。**

医学部には医学を、法学部には法律を勉強するのにふさわしい学生に入ってほしいので、そうした適性があるかどうかを、小論文を書かせることで判断するわけです。

人文・情報・教育系の学部の小論文も、それは同じです。

人文・情報・教育系の学部では、次のような資質をもつ学生が求められています。

● 学生に求められる資質

### ①個性や独創性が大事

**人文系の学部では、経済学部・法学部などの社会系の学部に比べて、個性や独創性が重**

**視されます。**

もちろん、文学・情報・教育系では、求められる個性の質は異なります。

それでも、社会系に比べれば、「独創的な考えや視点が重視される」という点で共通しているといえるでしょう。

**文学系では、一般常識や通俗道徳に従うよりも、生きる意味や人間のあり方などをどれだけ根本的に考えられているかが問われます。**そうしたことをしっかりと考えられるだけの強い個性が求められます。

**情報系は、情報化やグローバル化の進むスピードが速い現代社会に合わせて、つねに現状を疑い、新しい視点を打ち出すことが求められます。**個性に加えて、何よりも独創性が重視されるといっていいでしょう。

教育系の場合、そこまで強い個性や独創性は求められませんし、自己主張が強すぎるとかえって敬遠されます。

しかし、学校教育の現状などをなんの疑問もなく受け入れるようなタイプは、あまり歓迎されません。**現状の問題点を考え、それに対して自分ならどうするかをきちんと考えられるだけのオリジナリティーが、最低限求められます。**

このように、細かい違いはありますが、**全体として、ありふれたことしか考えられない人よりも、人とは違う個性や独創性を大事にする人のほうが適性がある**といえます。

とはいっても、もちろん、ひとりよがりなこと、論理的に破綻していること、政治的に過激なことなどは、絶対に書かないようにしてください。どこの学部であっても、それでは通用しません。

そうではなく、**あくまでもしっかりとした論理と知識、社会性に裏打ちされた個性や独創性が求められている**のです。

## ②経済性だけで考えない

経済系の場合、もちろん経済を抜きにして物事は考えられません。法や政治の問題にしても、理念はあっても、経済性を無視して論じると、説得力が弱まることがあります。

しかし、人文・情報・教育系の場合は、経済性はそれほど考える必要はありません。

文学部などの場合は、どちらかというと、**お金の価値に換算されない精神的な価値、思想性、人間性などが主題になることが多い**でしょう。

その場合、経済的な視点でばかり考えてしまうと、そもそも課題の意図とズレてしまいます。

教育系はもちろん、問題の是非を考える場合も、**「教育はどうあるべきか」という理念を優先すべき**です。

教師の長時間労働や学校組織の不合理性などが問題になることもあるので、そうした意味でのコストの問題は考えるべきですが、お金の面でのコストを最優先に考えるべきではありません。

情報系の場合は、新しいアイデアを実現させるにはどうしても多少のコストが必要なので、経済性をまったく排除して考えることはできません。

よって、**コストを無視したまったく非現実的なアイデアは、書かないほうがいい**のは事実ですが、それでも、**独創性を軽視し、いまの経済性ばかりを重視するような内容を書くと、高い評価はしてもらえません**。

もちろん、情報系の場合、たとえば「いかにコストを削減するか」を考えることが、独創的なアイデアにつながることもあります。

したがって、**「独創的なアイデアを考えるために経済性も考慮に入れる」ということは、情報系の小論文ではあっていい**でしょう。

### ③いわゆる「いい子」ではない

高校で優等生だった人が、文学部や教育学部を志望することがよくあります。

しかし、**真面目でコツコツ勉強して、校則違反など考えたこともない、いわゆる「いい子」のタイプは、じつは人文・教育系には向きません**。

先ほど述べたように、文学部などは、むしろ一般常識や通俗道徳を疑うことが求められます。

教育系の場合、「現在の教育は間違っている」などと批判するのをためらう人もいますが、むしろ学校の現状をしっかりと批判し、理想の教育を語れる人のほうが高く評価されます。

そもそも、学校でずっと優等生だった人だと、いじめられている子や問題のある生徒の気持ちがわからないことも少なくありません。

そうした面でも、「いい子」が必ずしも有利とは限らないのです。

情報系の場合は、言うまでもないでしょう。

真面目で、建前を大事にするような人だと、社会の変化に対応するのが難しく、独創的なことを考えることもなかなかできません。

いわゆる「いい子」と正反対のタイプのほうが、むしろ積極的に評価されるはずです。

もちろん、**「いい子」ではないといっても、悪ぶった人がいいというわけではありません。**

校則などに無条件に従うのではなく、

「この校則を守ることに意味はあるのか」

「こういう校則は、人間性にとって不自然ではないのか」

「いまの高校生はこうなのだから、校則もこのように改めるほうが時代にかなっているのではないか」

などと考えられる人が求められているのです。

## 2 人文・情報・教育系の小論文によく出る5つのテーマ

大学入試の小論文には、大学や学部ごとに、**よく出題されるテーマ**と、**使われやすい出題形式**があります。

**大学や学部によって、求める学生のレベルや適性が異なるので、テーマや出題形式も違ってくる**わけです。

もちろん、人文・情報・教育系では、それぞれ出題の傾向も大きく違います。そのため、一概にはいえませんが、それでも社会系に対して、人文・情報・教育系に共通の傾向といえるものはあります。

とはいえ、近年は大学も学際化が進んで、人文系と社会系の違いが希薄になっています。「人文社会学部」「総合○○学部」のような学部だと、人文系・社会系の両方のテーマが出題されることも多いので、過去問の傾向をよく調べておくことが大切です。

人文・情報・教育系によく出るテーマは、大まかには、次の5つのタイプに分けられるでしょう。

よく出る5大テーマ

## ①文化

まず、**人文系では、広い意味での「文化」に関するテーマがよく出題されます。**

**「伝統文化と現代（近代）文化」**
**「地域の文化と都市の文化」**
**「子ども（若者）の文化と大人の文化」**
**「日本文化と海外の文化」**

**など、対比の形で問題にされることが多い**です。

たとえば、世代間のギャップが文化の観点から問題にされたり、

「伝統的な慣習や価値観は現代社会においても意義があるか」

「日本文化を外国人がどう受け取るか（またはその逆）」

などのように、異なる文化間のギャップや関係などが問われます。

「文化」という言葉は使われていなくても、**価値観やものの見方、慣習やライフスタイルなど、多かれ少なかれ文化に関わる事柄**が問題になります。これは、**グローバル化や個人化、価値観の多様化の進んだ現代社会に特有の問題**といえるでしょう。

情報系・教育系でも、人文系ほどではありませんが、多文化共生や異文化理解・異文化交流などがテーマになることはしばしばあるので、このテーマについてはきちんと知識をつけておくことが大切です。

## ②コミュニケーション

文化が多様化すれば、コミュニケーションのあり方も変化します。異なる文化や価値観

をつなぐのが、コミュニケーションの役割だからです。
**コミュニケーションに関する問題は、近年、とくに増えています。**それだけ、現実の社会でもコミュニケーション能力の必要性が問われることが多いからでしょう。

このように、**人文系では、何らかの意味での文化の多様性、それに対人関係のギャップと、それを乗り越えるためのコミュニケーションのあり方が問われることがしばしばあります。**

**教育系で問題になるのは、やはり子どもとのコミュニケーション**です。

子どもには、大人とは異なる特有の文化があります。そのギャップが、ときには教育上、深刻な問題を引き起こすことがあります。

とくに、問題を抱えた子どもといかにコミュニケーションをとるかというのは、現実にも教育者にとって重要な問いになるでしょう。また、子ども同士のコミュニケーションも問題になります（いじめの問題など）。

情報系でも、**情報メディアが結局はコミュニケーションの手段**であることを考えると、

**広い意味でのコミュニケーションに関わる問題が大きな割合を占める**のもわかるでしょう。



## ③人間

**人文系では、広い意味で、「人間とは何か」が問われることがあります。**

もちろん、直接そうした問い方がされることはまずありませんが、**人文系の課題の中にはそうした大きな問いが背景にあることを理解しておくと、課題の意図も捉えやすいことが多い**でしょう。

**現代は、かつての「人間」観が疑われ、人間性や人間らしさとは何かが曖昧になった時代**でもあります。

たとえば、精神分析学や文化人類学によって、人間がいかに無意識や生まれ育った文化に支配されているかが明らかになっています。そうなると、人間の意思というものにどれだけ信頼がおけるのか、という疑問が起こってきます。

教育系ではそうした問いはあまりありませんが、教育というのが子どもの人間性を育むものである以上、**教育者として子どもの人間性とどう関わるべきか、といった問題**が問われる場合もあります。

情報系であれば、AIやロボット関連のテーマで、こうしたことが問われる可能性があります。

たとえば、AIがこのまま進化して人間の言語を理解したり、人間とコミュニケーションがとれるようになると、そもそも機械と人間とを分けるものが何か、わからなくなってきます。

そこから、**「人間性とは何か」「人間には何ができるか」などを考える必要が出てくる**わけです。

そうした根本的な問いが、小論文のテーマとして出題されることもあるので、自分なりに考えを整理しておくことが大切です。

よく出る5大テーマ

## ④社会問題

**人文系でも、現代日本の社会問題に関する出題は多い**です。

とはいっても、時事的な問題がダイレクトに出題されることはほとんどありません。

たとえば、**少子高齢化やグローバル化など、現代の状況を示すテーマもよく出題されます。**

ただし、政治・経済と関連づけられるのではなく、そうした社会の変化が価値観やライフスタイルに与える影響が問題になることがほとんどです。

一例をあげると、少子高齢化であれば**「高齢者の社会的孤立」**とか、ＳＮＳの普及であれば**「若者の人間関係に与える影響」**などです。

したがって、少子高齢化などについて勉強する際も、**表面的な事象だけでなく、それが私たちの生活や意識にどんな影響を与えているか、ということまで考えておく必要**があります。

## ⑤教育

当然ですが、**教育系では、教育問題や教育のあり方が問われることが多い**です。

具体的には、**「教育格差」「学級崩壊」「生涯学習」「理数離れ」など、いまの学校が抱える問題点や、これからの学校・教育のあり方が問われます。**

その場合、**たんに問題点や理念を論じさせるだけでなく、「自分が教師ならどうするか」という具体的な実践が問われる**こともあります。

たとえば、

「〇〇について、教師としてどのように指導するか」

「〇〇を教えるのに、どんな授業をするか」

「〇〇の教師として、どのように子どもたちに働きかけるか」

といったタイプの問題です。

つまり、**教師の立場になって、指導の仕方や内容、子どもへの接し方などを具体的に考えさせる問題**です。

こうしたタイプは、通常の小論文とは別の書き方が必要なので、50ページの「指導の仕方などを問う問題の書き方」を参考にしてください。

また、**いまの子どもや若者が置かれている状況と教育との関連について問われることもしばしばあります**。

いまであれば、「子どもの貧困化」や「子どもの人間関係へのＳＮＳの影響」など。

個人情報やジェンダーといった社会問題とそれに対する教育の対応などが問題になることもあります。

加えて、社会問題が専攻と関連づけられて出題されたり、国語・社会・理科などの教科に関する専門的な問題が出されたりすることもあります。後者は、小論文というよりは論述問題であることが多いので、きちんと過去問をチェックしておきましょう。

そのほかにも、もちろん、

★文学部……文学や言語
★芸術学部……芸術
★外国語学部……言語
★情報系……情報やメディア

といった、その学部の専門に応じたテーマが出題されます。

ここで取り上げたのは、あくまでもそうした学部の違いを超えて出題されることの多いテーマなので、そのほかのテーマについては、志望学部の過去問をよくチェックしておきましょう。

## 3 人文・情報・教育系の小論文に多い出題形式

ほとんどの場合、いま取り上げたようなテーマに関する課題文がついていて、それを読んで自分の考えを論じることが求められます。

**設問の中に何らかのテーマ設定や条件があって、それを踏まえて論じることが求められている場合も多い**です。

また、人文系・教育系でよく見られるのが、

問1　要約問題や説明問題
問2　小論文問題（自分の考えを述べる問題）

というパターンです。

問1では、課題文の内容や筆者の考えをまとめさせたり、傍線部の意味を説明させたり、問題の背景などを説明させたりします。そして、問2では、課題文で論じられている内容をもとにして、自分の考えを述べることが求められるわけです。

情報系では、それ以外に、設問が3つも4つもあるパターンもあります。

その場合は、たいてい、複数の説明問題があって、最後に自分の考えを述べる問題がきます。複数の設問がすべて説明問題というケースもあります。

社会系ほどではありませんが、英文問題や、グラフや表などの資料がつく問題が出ることもあります。

**とくに情報系の場合は、変則的な出題形式も多いので、過去問をよくチェックして、しっかりと対策を考えておく必要がある**でしょう。

# 4 課題文のつく問題の書き方

**入試の小論文問題のほとんどは、課題文について、それを読んだうえで小論文を書くタイプの問題**です。先ほど述べたように、人文・情報・教育系の小論文でも、それは同じです。

本書の「模範解答」編に使われている問題も、この課題文のつくタイプです。

**このタイプの問題も、読み取りが加わっただけで、基本的な書き方は課題文のつかない問題の場合と同じ**です。

ただし、次の点に注意する必要があります。

## 1 課題文を読み取る

**課題文がある場合、まずはしっかりと課題文を読み取る必要があります。**

なかには、課題文を理解しなくても書けるような問題もありますが、それは例外です。課題文が与えられたら、しっかりと読み取ることを考えてください。

課題文を読み取るコツ

### ①キーワードを探す

**正確に読み取るには、まずキーワードを探して、その文章が何を問題にしているのか、何について語っているのかをはっきりさせます。**

そして、キーワードがわかりにくい言葉のときには、その意味をきちんと考えます。

課題文を読み取るコツ

### ②「何に反対しているか」を考える

ほとんどの文章は、

「××とみんなは思っているが、そうではない。○○だ」

「人は、××といっているが、私は反対だ。○○なのだ」

などと語っています。

だから、**「何に反対しているか」を考えると、その文章のいいたいことがわかります。**

文章のいいたいことがはっきりしないとき、**「この文章が最も反対しているのは何か」を考えてみます。**

課題文を読み取るコツ

### ③その文章の「いいたいこと」（メインテーマ）を考える

そのうえで、**文章の一番いいたいことをはっきりさせます。**ほとんどの場合、その文章が何に反対しているかを考えれば、その文章のいいたいことはわかるはずです。

## 2 問題提起を考える

読み取れたら、次に問題提起を考えます。

ほとんどの場合、**課題文のいいたいことが正しいかどうか、好ましいかどうか、課題文**

**で示されている出来事がよいことなのかどうかを考えれば、問題提起になります。**

「文章を読んで、○○について、あなたの意見を書きなさい」といった条件のある課題が出されることがあります。

そのような場合には、その○○についてその課題文が主張していることが正しいかどうかなどについて問題提起すればいいのです。

実際に書く場合は、**四部構成の第1部で、まず課題文の内容を簡単にまとめるのが原則**です。

そして、その**課題文の語っていることから、問題提起を導き出します。**

そうすることで、**課題文をきちんと理解したうえで、しっかりと問題点を考えようとしていることを示すことができます。**

## 3 課題文に賛成か反対かを考える

課題文に賛成の立場で書くか、それとも反対の立場で書くかを考えます。

次のような手順で考えると、しっかりした小論文になります。

課題文に対する賛否を考える手順

①まずは反論してみる

課題文に賛成するだけでは、何も書けません。**まずは、反論できないか考えてみます。**もし、反論できそうでしたら、反論します。できそうもないときも、反論として考えたことを「確かに、こんな反論が考えられる」と第2部に入れて、活かすことができます。

課題文に対する賛否を考える手順

②課題文に書かれているのとは別の理由はないかを考える

**賛成する方向で書く場合、課題文に書かれていない根拠を示すと鋭い小論文になります。**ほかの根拠はないかを考えてみてください。

課題文に対する賛否を考える手順

③課題文の内容をふくらませる

**課題文に少しだけ語られていることを、具体例などを加えてくわしく説明します。**あまり高度な小論文にはなりませんが、十分に合格できるレベルには達します。

# 5 そのほかの形式の問題の書き方

小論文問題には、課題文のつくタイプのほかにも、さまざまな形式があります。
それらに対しては、次のように考えてください。

## 1 グラフや表などの資料が出る問題

人文系全体では少ないとはいえ、情報系では、グラフや表などの資料が出題されることがよくあります。

その場合は、次のことに気をつけましょう。

グラフや表などの資料を読み取るコツ

## ①まずは大まかに読み取る

グラフや表も、何かを指摘したり、主張したりしています。**まずは数字の大きな違い、資料にあらわれる共通点などを見つけ、その資料から見える大きな点を読み取ります**。

それが読み取れたあとで、小さな数字の違いなどに目を向けてください。

グラフや表などの資料を読み取るコツ

## ②仮説を立てる

資料が何を語っているのかよくわからないときには、**課題についての知識と照らし合わせて考えてみます**。

高齢者の家族と世帯に関するグラフが出ている場合など、「高齢化が進むにつれて、社会的に孤立する高齢者が増えている」という知識があったら、その資料からそのことが裏付けられるかどうかを確認します。

裏付けられなかったら、それはなぜかを考えます。

なお、資料の読み取りだけが求められている設問に対しては、47ページの「説明問題の書き方」を見てください。

資料についての意見が求められている場合には、課題文がある場合と同じように、第1部で資料から読み取れるものを指摘したうえで、そのような状況の是非などを問題提起して、四部構成を用いて論じればいいでしょう。

## 2 絵や写真などが出る問題の書き方

課題文の代わりに絵・写真・マンガが示されて、それについての考えを書くことが求められる場合もあります。

**このタイプの問題は、人文系の小論文ではたまに出ることがあります。**しかし、万が一出た場合も、あわてることはありません。

**課題文や資料のつく問題と同様、作者や出題者の伝えようとしていることをできるだけ正確に読み取って、それが正しいかどうかなどを問題提起するといい**でしょう。

ただし、絵や写真などには、いつもはっきりした主張があるとは限りません。そんな場合には、**多少、拡大解釈して、その素材から自分でテーマをつくる必要があります。**

そして、第1部に絵・写真などの読み取りを書いて、あとはいつもの要領で論を深めることを考えればいいでしょう。

## 3 説明問題の書き方

長い課題文に設問がいくつかあって、その問1や問2で、「傍線部の意味を●●字以内で説明しなさい」などと求められることがあります。

**こうした多設問の形式は、人文・情報・教育系でもよく見られます。**

また、情報系だと、「○○の意味を●●字程度で説明しなさい」などの問題が出る場合もあります。この種の問題は**「小論文」ではなく、「記述式問題」あるいは「説明問題」と考えるべき**でしょう。

記述式の書き方としては、次の書き方をマスターすることが大切です。

**A型**

★第１部……ズバリと設問に答える

★第２部……その理由やくわしいことを説明する

**B型（A型を逆にした形）**

★第１部……理由などを説明する

★第２部……設問に対して答える

ほとんどの場合、「A型」で対応できますが、問題によってはそれでは書きにくいことがあります。そのときには、「B型」を使います。

両方をマスターしておくといいでしょう。

## 4 要約問題の書き方

**要約問題もよく出題されます**。

課題文が与えられ、問1で課題文の要約が求められて、問2で意見が求められるという問題も多いです。ときには、「小論文」といいながら、実際には要約だけが求められることもあります。

これについても、「説明問題の書き方」（47ページ）を参考にしてください。説明問題と同じように「A型」か「B型」で要約をすることができます。

なお、**要約問題の場合、次の三大基本原則を守ってください**。

### ●要約問題の三大基本原則

### ①課題文の筆者になりかわって書く

「筆者は……と書いている」などといちいち書く必要はありません。

### ②課題文を読んでいない人にもわかるように書く

要約だけで意味が通じるようにします。



### ③読み取れたことを示すつもりで書く

要約問題というのは、課題文を理解できたかどうかを見るための問題だということを忘れてはいけません。

だから、**課題文のキーワードはそのまま使って、きちんとキーワードを捉えたことを示し、それ以外はできるだけわかりやすい言葉で書くようにしましょう**。

## 5 指導の仕方などを問う問題の書き方

35ページで触れた「指導の仕方などを問う問題」については、次のような書き方が効果的です。

## 第1部　問題への答えをズバリ書く

「私は、このように指導したい」

「私は、このように子どもたちに働きかけたい」

というように、最初にズバリ問題への答えを書きましょう。

全体の10〜20パーセントが適切です。

## 第2部　指導の仕方などを具体的に説明する

自分の考える指導の仕方や働きかけ方について、具体的に説明します。

問題によっては、授業の具体例や授業計画、実践のためのアイデアなどを書くことが求められます。その場合は、ここでくわしく書くといいでしょう。

全体の40パーセントほどが適切です。

## 第3部　指導の仕方などの意義やプラス面を書く

そうした指導の仕方や働きかけ方がなぜいいのか、という理由（根拠）を書きます。

ここでは、自分が教育についてどれだけしっかりと考えているか、ということをアピールします。

そのためには、「教育はこうあるべきだ」という自分なりの考えをまず示し、それと関連づけて、自分の考える指導法などのプラス面を説明するといいでしょう。特定の教科や専門（理科とか特別支援教育、養護教諭など）のことが問題になっている場合は、それらの教育のあり方について、しっかりとした考えを示す必要があります。

全体の30～40パーセントが適切です。

## 第4部　全体のまとめ

最後に、通常の四部構成と同じように、もう一度、自分の考えを簡単にまとめます。

ここは10パーセント程度で十分です。

次に、「小学生に理科の学習内容に興味をもたせるためにはどんな授業をすればいいか」という問題の解答例をあげておきます。参考にしてください。

●解答例（600字程度）

私は、小学生に理科の学習内容に興味をもたせるためには、教師が実験の指導をしすぎるのをやめ、もっと子どもたち自身に実験のやり方を考えさせるべきだと考える。

理科の授業で実験を行う際には、教師が最初に実験のやり方などを教え、子どもたちはそれに従って同じように行うことが多い。子どもたちの安全のためにはある程度必要なことだが、それでは授業は活発にならない。実験の内容そのものはごく簡単なものでいいので、子どもたち自身がそれぞれ実験のやり方などを考え、多少間違っていたり非効率的だったりしても、教師が直したりしないほうがいい。教師はあくまでも困った生徒を手助けする程度が望ましい。

小学生がなかなか理科に興味がもてないのは、それが与えられた知識にすぎないからだ。理科の学習で何よりも大事なのは、子どもたちに現象の背後にある科学的な仕組みに目を向け、それを解明することのおもしろさを理解してもらうことだ。そのためには、すでにある知識の習得以前に、科学的なものの見方や取り組み方を実感してもらうことが必要だ。子どもたちが自分自身の手で現象の解明に取り組み、発見をするという体験が大切なのだ。

このように、私はもっと子どもたち主動で実験をさせてこそ、理科に興味をもたせることができると考える。

第2部

# 「模範解答」編

1 文化
2 近代
3 哲学・思想
4 文学・芸術
5 大学・学問
6 コミュニケーション
7 情報・メディア
8 学校・教育
9 子ども
10 若者

# 1 文化

人文系の小論文では、「文化」というテーマは、いろいろな形で出題されます。

文学部では、文化と言語の関係が問われることもありますが、人文系全体としては、異文化理解や多文化共生に関わる問題が出題されることが多いでしょう。「近代」や「コミュニケーション」といったテーマとの関わりで出題されることもあります。

もちろん、情報系・教育系でも、文化的な多様性を重視する現代の状況を踏まえた問題が出ることがしばしばあります。

現代社会において「文化」がどのような意味で問題になっているのか、自分なりにしっかりと理解しておくことが必要です。

## テーマの解説

現在、世界的にグローバル化が進み、国境の意味が薄れてきているといわれています。その中で、「文化」の問題の重要性も高まっています。というのも、**たとえ国境を越えることはできても、文化の壁を越えることは難しい**からです。

異文化理解はそう簡単なことではありません。文化の違いが、さまざまな対立や紛争をもたらしてきた例も数多くあります。

**人は、生まれ育った文化に強く支配されています**。

たとえば、日本語の文化で生まれ育った人は、「水」と「湯」を別ものと考えていますが、英語には「湯」に当たる単語がないので、英語圏の人々は「湯」をたんに「温かい水」としか考えません。

言語表現ひとつとっても、そこには文化の違いが反映され、その違いを認識することなしには、相互理解も不可能です。

しかし、多くの人は、自分の価値観やものの見方がどれだけ生まれ育った文化に支配されているか、気づいていません。そのことが、さらに問題を複雑にしています。

**グローバル社会において「文化」をどう扱うかについては、2つの考え方があります**。

**「文化相対主義」**と**「普遍主義」**です。

**「文化相対主義」というのは、「先進国の文化も途上国の文化も、文化に優劣はない。すべての文化は相対的なので、先進国の文化を押し付けるべきではない」という考え方**です。

しかし、それを認めてしまうと、たとえば女性差別的な文化や特定の宗教しか認めないような文化をどう扱うか、という問題が生じます。

とくに、グローバル化が進んで、国境を越えた交流が盛んになればなるほど、文化間の摩擦や衝突も増えていきます。

その際、文化相対主義を原理としてしまうと、女性の権利や宗教の自由など、先進国の社会が勝ち取ってきた諸権利が無に帰してしまう恐れがあるのです。

そこで、近年は、**「普遍主義」といって、人権尊重などの普遍的な価値がある文化の存在を認める**ようになってきています。

とはいえ、**人権尊重といった民主主義的な理念は、もともとは欧米先進国の文化に由来するもの**です。そのため、一部の国や民族の中には、そうした傾向への反発を強めている人たちもいます。

いずれにせよ、グローバル化の流れが後戻りできない以上、いかにして社会の中で多くの文化が共存し、ぶつかり合わないようにやっていけるか、考える必要があります。

**重要なのは、異なる文化の人同士が、互いの文化を認め合いながら、同じ社会の一員として対等の関係を築くこと（多文化共生）**です。

これからは、日本でも移民が増え、いま以上に外国人との交流の機会が増えるでしょう。多文化共生をどう実現するか、すでに一部の自治体では積極的な取り組みが始まっています。

今後は、私たち一人ひとりが真剣に向き合っていくべき課題となるでしょう。

## 課題

次の文章を読み、傍線部「自分自身が多文化の状態に生きる」という筆者の主張に対するあなたの意見を600字以内で述べよ。

（東京学芸大学・教育学部・教育―多文化共生教育学科　2020年度　設問一部改変）

Aloha! 早いもので、私のハワイ生活は今年で4年目を迎える。色々な意味を合わせ持つ挨拶として使われているこの「アロハ」、ハワイの人々の最も大切なスピリットであり、実は5つの頭文字を組み合わせることで成り立っているというのを皆さんはご存知だろうか。

A……「Akahai」(思いやり・親切)
L……「Lokahi」(調和・協調)
O……「'Olu'olu」(礼儀・歓喜)
H……「Ha'aha'a」(素直な心・謙虚)
A……「Ahonui」(忍耐)

---

一文字ずつに意味が込められており、それは幼い頃から大事にしなさいと学校や家庭で教わってきたものばかりでもある。そんな精神を重んじているハワイの人たちに囲まれ、ここでの生活のなかで、日本人の私が感じた多文化共生とは何か、そんな社会に生きるとき、どんなことに目を向け何を大切にすべきかを考えてみたい。

ハワイは50州あるアメリカ合衆国の1つの州であるが、1893年まではハワイ王国として存在し、1959年8月、一番最後に加わった。アメリカ本土とは少し違った文化を持つ〝アメリカ〟である。日常で使用している言語も独特で、英語・ハワイ語の他に、ピジン英語、それから日本語も存在している。

私の住むハワイ島（ヒロ）は、特に日本（山口県、広島県、福岡県、沖縄県）からたくさんの移民が渡っており、近年は日系3世、4世の代になってきているが、それでも日本文化の要素はとても色濃く、今も生活の至るところに溢れている。日系人がそのまま暮らしのなかに取り入れてきたため、それがハワイ文化としても浸透している。英語のセンテンス内に突如として現れる日本語が（方言も）とてもおもしろく興味深い。

例：ツケモノ、タクアン、ニシメ、モチ、ダイコン、カボチャ、ムスビ、ベントウ、オカズヤ、バチ（があたる）、ヤクドシ（こちらでは、厄を懸念しお祓いをするのではなく、家族や友人が集まって楽しくパーティーを開くというのが主流で、とても前向きな考えである。）……また、〝バチャバチャ・ボチャンボチャン〟という水の音からきたbocha ボチャは、「お風呂に入る」という意味で使われている。

ハワイには100年以上も前から韓国、中国、日本、フィリピン、ポルトガルなどの国から移民の人々が移り住んできた。英語のスキルがあまりない人たちが、互いにコミュニケーションを図るため、ハワイ語や各国の言葉を混ぜて合わせてできたのが、ピジン英語と呼ばれる、いわゆるハワイローカル英語である。暮らし始めて間もなく、それを学ぶのは新鮮かつロコ気分（ハワイ生まれのハワイ育ちの気分という意）でとても楽しかった。ある日、会社の同僚から「Are you pau?」と言われ、まったく理解できなかったことを思い出す。Pau（パウ）とは、語源はハワイ語で、意味は「終わり」を表す。〝終わったら知らせて下さい〟というときは「Let me know when you are pau.」という具合に。他には、「This is ONO!」は、オノさんという人のことではなく、「ono＝美味しい」という意味である。スムーズに使えるようになり、相手の反応がさらに温かくなったこともある。現地の言葉を知る・学ぶ、そしてそれを使ってコミュニケーションを図るということは、その地の文化に、そして居住している人たちに敬意を払う意味にもなる。用を足せるようになると、親しみが湧き、受け入れてもらえる。多文化が混じり合う中に生きるとき（自分が異文化の中に溶け込むとき）、まず初めに大事になってくる要素であると感じる。

このように、アメリカ合衆国の一州ではあるけれども、歴史的な部分においてもアジア文化との結びつきが非常に強い。街には、韓国料理、ベトナム料理、タイ料理のレストランがたくさんあって、気軽に味わえる。また、本土からの移住者も多い。その人たちを指す言葉として、Haole（ハオリまたはハオレ：語源は英語、意味はアメリカ本土あるいはヨーロッパなどから来た白人）という単語が存在する。また、ハオリとのハーフの人たちのことをHapa（ハパ）という。ハワイでは、出身に対してそれぞれ表す単語を細かく使い分ける。そう言われることを快く思っていない人もいる。一見すると、これは差別ではないかと感じてしまうからだ。ただ、そう区別することを心から好む人も少なからずいるのも現実である。ちなみに、私の義父はバージニア州出身のハオリで、夫はハワイ育ちのハパである。夫は白人と日本人のハーフだが、見た目から本土からの移住者に見られることが多い。しかし、差別と認識したことはないと言う。実際、13、14歳の多感な年頃に本土から越してきて、当時は学校で大変な嫌がらせやいじわるをされたこともあったようだ。ただ、堂々としてその現実に向き合い、理不尽なことには真っ向から立ち向かっていくこと、時には激しい話し合いもあったようだが、とことん向き合うことが良かったと言う。確かに本土からのニューカマーではあったが、義母はハワイ生まれの日系人。歴史的な背景や文化への理解、ハワイという地への愛情は、幼い頃から彼の中に僅かながらも備わっていた。それも影響してか、一個人として彼のパーソナリティーが認められたのは時間の問題だったようで、それまでの扱いがたちまち一変し、いじめはなくなったとか。今ではそのときの相手は夫の親友の一人にもなっている。

国家としては同じアメリカだが、ハワイ現地人とハワイに移住してきたハオリの人たちとの間には、時には誤解が生じたり、相互理解が難しい場面もまだ多々ある。私もその光景を目の当たりにすることもある。しかし、多文化共生するには、お互いに異文化理解という名のもと、まずはその現実と向き合い、文化はそれぞれまったく異なるが、歩み寄り、尊重する。そして、その違いを違いとして認める。さらには、正誤を問うのではなく、受け入れ、時には声に出して、お互いの意見を気持ちの良い言葉で交換しながら暮らしていくこと。そんな心構えがあれば、きっと円滑なコミュニケーションが図れるだろうし、その上もっと友好につながっていくはずだと思う。

いろいろな文化が交差するとき、頭で考えるというよりも、心で感じてそのままを受け止めるといったほうがいいかもしれない。そういう「暗黙の理解」が多文化共生において非常に大切かもしれない。違いというものは、何も国を違わずとも身近なところにも数多く存在する。思いつく限りでは、(1)正月のお雑煮は、日本では各地域によって調理法や食材が異なる。(2)トマトに砂糖をかけて食べる。(3)目玉焼きにはソースか醤油かなど。これもある意味一種の異文化ではないだろうか？　もし、友人とそんな話題になり、自分とは違ったとしても「信じられない！（私はそうはしないので）」と驚いてはみても、それを否定することにつながるだろうか？　むしろ、「知らなかった！　おもしろい。今度やってみようかな」とはならないだろうか？　私は後者で、知らない文化はおもしろいと思うし、味わってみたい、試してみたいと思う。異文化を知ることで、未知だったものを自分の中にたくさん取り入れ、〝自分自身が多文化の状態に生きる〟ほうがずっと幅が広がって楽しい。

もう一つ、違う角度から考えてみたことがある。私の同僚に、同性愛者がいる。彼が最初に自身のプライベートを話し始めたとき、「夫がふだん料理をする」と言った。私は、「誰？　彼？」と、状況がよくわからなかったのだが、隠すわけでもなく、カミングアウトのような形でもなかった会話。こんなにもスムーズに、そしてお互い違和感なく（少なくとも日本にいるときはなかった状況）会話ができたということに心地良さを感じたのを思い出した。特別視でも稀でも異質でもなく、彼のパーソナリティーとしての理解と尊重。彼は、私の良き同僚であり、困ったときはいつでも優しく助けてくれる。穏やかで几帳面で、笑顔を絶やさない。彼は男性が好きである。理屈や理論ではなく、心で感じ、受け止めた彼なのだ。そういうありのままの姿が、ここでは至る所において「普通に」存在する。そういう日常はとても気持ちが良い。

私を取り巻く環境、日々の生活は、このように、いろいろな視点をもって私に学びの場を与えてくれている。時には文化が違うため、好意を好意として受け入れてもらえないこともある。思いやりを身勝手な方向に持っていかれることもある。なにせ自己主張の国。ハワイは本土に比べ、まだのんびり気質があるものの、「謝ったら負け」的な考え方もある。仕事やビジネスにおいては、謙遜や謙虚さ、奥ゆかしさは一切通用しない。これまで培ってきた自らの文化的な要素を意識的に捨てなければならないことが多々ある。それはまだまだ慣れずにとても難しい。しかし、そういうときにはいつも前記の〝アロハスピリット〟を思い出す。そして、私らしい私なりの自己主張をしていこう!と心に決める。多文化社会に自分らしく生きるには、前向きで、そしてオープンマインドならば、たいていのことは乗り越えられて豊かな経験として培われていく気がする。妊娠し、この地で出産した息子の育児に奮闘中の私だが、本当にハワイの人たちは優しく、いろいろな場面で温かく助けてもらっている。スーパーでのレジ待ち中、前後の人やキャッシャーにあやしてもらうことはほぼ毎回、ドアの開閉や順番待ちを先に譲ってもらうなど、子育て支援などという言葉はなくとも老若男女問わず皆が支えてくれる。子を持って、初めて身に染みる日常の一コマである（残念ながら、日本への帰省中はまったくと言っていいほど他人は無関心かつ手助けされたことはありませんでした……）。明るい太陽の日差しを浴び、透き通る海を眺めて爽やかな風に包まれるとき、どんなことがあっても、やっぱりここで生活できることを幸せだと感じる。この暮らしに、そしてこの地に敬意を払うとともに、心から感謝をしている。

【出典】クエセンベリー紘子「アロハの心とともに生きる」より

## 課題の解説

**課題文自体はわかりやすい**でしょう。**筆者はハワイに移住した日本人女性で、多文化社会であるハワイでの生活について述べています**。

「自分自身が多文化の状態に生きる」というのは、自分自身の文化的アイデンティティーにこだわらず、異文化を積極的に受け入れ、文化の違いを楽しみながら生活する、といったことでしょう。

ただ、そのためには、課題文中にもあるように、「これまで培ってきた自らの文化的な要素を意識的に捨てなければならない」わけで、これは**言葉で言うほど簡単なことではない**はずです。

たとえば、多民族国家の中には、民族ごとにコミュニティーができていて、きれいに住み分けている社会も多いです。自分たちの文化や慣習を守り、民族としてのアイデンティティーを守りながら、共同体として生きています。

その場合、社会全体としては多文化的でも、その中に生きる人々自身は決して「多文化の状態に生き」ているわけではありません。

グローバル化の進む現代においては、筆者のような「自分自身が多文化の状態に生きる」生き方のほうが望ましいかもしれませんが、たとえば**少数民族の人にとっては、そうした生き方は自らのアイデンティティーを失うことにつながりかねません**。

そうした問題があることも踏まえて、考える必要があります。

## 攻略のポイント

問題提起は簡単です。

「自分自身が多文化の状態に生きる」という筆者の主張の是非を問えばいいはずです。

程度はともあれ、今後グローバル化の流れが止まることが考えにくい以上、イエスの立場で書くほうが説得力を出しやすいでしょう。

多文化共生社会を実現するには、やはり一人ひとりが異文化を理解し、認め合う努力が必要だと考えられます。その点をしっかりと説明すればいいでしょう。

ただし、「多文化の状態に生きる」というのは、自身の文化的アイデンティティーを失うことにもつながるので、そのことによる問題点もあります。

前述したように、少数民族の人にとっては、文化的アイデンティティーを失うことは、自分自身の根本的なアイデンティティーを脅かすことになりかねません。

また、多くの多民族国家でそうであるように、民族集団ごとに住み分け、他文化とは距離を置くほうが、対立や衝突が起きにくいとも考えられます。

このように、ノーの立場にもいくつかの論点があって、しっかりと説明できれば十分説得力のある内容になるはずです。

第1部で、「自分自身が多文化の状態に生きる」というのがどういうことかを簡単に説明したうえで、その主張が正しいかどうかを問題提起すればいいでしょう。

## 模範解答例（その1、イエスの立場）

# 多文化共生社会を実現するために必要

筆者の言う「自分自身が多文化の状態に生きる」というのは、自分自身の文化的アイデンティティーにこだわらず、異文化を積極的に受け入れ、文化の違いを楽しみながら生活するべきだ、といったことだろう。それでは、そうした筆者の主張は正しいのだろうか。

確かに、「多文化の状態に生きる」ことは、口で言うほど簡単ではない。私たちは誰もが生まれ育った文化の枠組みから、そう簡単には抜けられない。また、そうすることで、自分の一部を成り立たせている文化的なアイデンティティーを失うことにもなりかねない。しかし、それでも、グローバル化の進む現代では、「多文化の状態に生きる」ことが必要だ。

現在は、グローバル化が進み、人々は多様な文化の混合する社会を生きている。その中で、人々が自分の生まれ育った文化にこだわり、それを貫こうとすると、文化の対立や衝突につながってしまう。それでは、文化集団同士の分断が進むだけで、社会の秩序が失われてしまうだろう。多くの文化が入り混じる社会の中で生きるには、一人ひとりが文化の違いを理解し、認め合い、それを乗り越える努力が必要だ。そうしてこそ、多文化共生社会が実現するのだ。

したがって、私は「多文化の状態に生きる」という筆者の主張に賛成だ。

## 模範解答例（その2、ノーの立場）

# 他文化とは距離を置いて互いに住み分けるべき

「自分自身が多文化の状態に生きる」というのは、自分自身の文化的アイデンティティーにこだわらず、異文化を積極的に受け入れ、文化の違いを楽しみながら生活する、といったことだと考えられる。それでは、そうした筆者の主張は正しいのだろうか。

確かに、グローバル化の進む現在においては、多文化の共存を目指す必要がある。そのためには、一人ひとりが多文化を理解し、認め合い、それを乗り越える努力が必要な場合もあるかもしれない。とくに、ひとりで異文化の集団の中に入り込む場合はそうした努力も不可欠だろう。しかし、「多文化の状態に生きる」ことが必ず必要というわけではない。

多民族国家の中には、民族ごとにコミュニティーができていて、きれいに住み分けている社会も多い。自分たちの文化や慣習を貫き、民族としてのアイデンティティーを守りながら、共同体として生きている。そのように、他文化と距離を置いて互いに住み分けるほうが、文化集団同士の対立や衝突が起きにくいとも考えられる。それはむしろ、ひとつの社会の中で多くの民族・文化が共存するための知恵というべきであって、「多文化の状態に生きる」ことが決してすべてではないはずだ。

以上のように、私は「多文化の状態に生きる」ことは必ずしもよいことではないと考える。

## 模範解答例（その3、ノーの立場）

# 文化的アイデンティティーを守るために自文化を大切にすべき



「自分自身が多文化の状態に生きる」というのは、自分自身の文化的アイデンティティーにこだわらず、異文化を積極的に受け入れ、文化の違いを楽しみながら生活する、といった意味だと考えられる。それでは、そうした筆者の主張は正しいのだろうか。

確かに、有力な文化集団がいくつかある場合、お互いがお互いの文化を理解し、認め合う努力をすることは必要だろう。そうした努力なしには、多文化の共存の実現は難しいからだ。しかし、すべての人にとって、「多文化の状態に生きる」ことがいいわけではない。

「多文化の状態に生きる」ということは、自身の生まれ育った文化から距離を置き、自身の文化的なアイデンティティーの一部を手放すことにつながる。現代の日本人のように、もともと文化的なアイデンティティーが希薄な場合はそれほど大きな問題にはならないかもしれない。だが、少数民族のように、文化的なアイデンティティーが自身の根本的なアイデンティティーとなっている人たちにとっては、それは決して簡単なことではない。彼らにとって、「多文化の状態に生きる」ことは、自らのアイデンティティーを失うことにつながりかねない。多文化共生を目指す以上、そうした人たちのことも配慮する必要がある。

したがって、「多文化の状態に生きる」ことは決して好ましいこととはいえない。

## 悪い解答例

課題文の筆者は、ハワイに移住した自分の体験を踏まえ、「多文化社会では、自分自身も多文化の状態に生きるべきだ」と主張している。はたして、その主張は正しいだろうか。

確かに、「多文化の状態に生きる」といっても、日本に住んでいる以上は難しいかもしれない。日本はアメリカのような多民族国家ではないし、移民の数もまだ少ない。そのため、他の国や民族の文化に触れる機会そのものが少ないからだ。しかし、それでも、私は筆者の主張は正しいと考える。

私は、高校二年の夏にアメリカに短期留学したことがある。語学学校では、いろいろな国からの留学生との出会いがあった。最初は人見知りをしてなかなか話しかけられなかった。だが、勇気を出して話しかけてみると、たくさんの友だちができた。国によって考え方や価値観、生活習慣などが違っていて、そうした違いを通してさまざまな国の文化を知るのがとても楽しかったことを覚えている。このように、私にとっては、「多文化の状態に生きる」ことは、文化の違いを知るうえでとても役に立ったし、いまでもとても楽しく、いい思い出になっているのだ。

したがって、私は「自分自身も多文化の状態に生きるべき」という筆者の主張は正しいと考える。

## 樋口先生のコメント

**POINT 1**

設問では、課題文全体というより、傍線部の筆者の主張に対する意見が求められているので、まずは傍線部の説明から始めるほうが適切。

**POINT 2**

これでは日本の現状を説明しているだけで、反対意見の説明になっていない。イエスの立場で書くなら、ここでは、「多文化の状態に生きる」ことの問題点を考えること。

**POINT 3**

自分の体験を語っているだけで、根拠の説明になっていない。グローバル化の進展や多文化共生の実現が求められている現状などを踏まえて、もっと論理的・社会的に論じてほしい。

# 2　近代

「近代」に関わるテーマは、人文系だけでなく、さまざまな学部で幅広く出題されています。

人文系では、「文化」「思想・哲学」「芸術」など、多くの他テーマとの関わりで出題されます。また、現代の社会問題の背景に、「近代」の考え方（とその限界）が関わっていることも少なくありません。その意味で、人文系の小論文にとって、「近代」の理解は欠かせません。

直接「近代」がテーマになっていなくても、「近代」についての知識があれば、出題の意図を読み取りやすくなったり、より高度な小論文が書けるようになるでしょう。

## テーマの解説

**日本では、明治維新以降、「近代」が始まった**とされています。そして、近代化を進めようとして、西洋の文化を取り入れていきました。

現在では、そうした近代の西洋文化が否定的に捉えられることも増えましたが、**私たちが依然として「近代」にできあがった国家や社会の仕組み、価値観の中で暮らしていることも事実**です。

たとえば、私たちは、**自立した個人が自分の意思で合理的に物事を判断し、決定する**と考えています。**一人ひとりが確固とした自我をもつ存在として尊重され、それが人権や民主主義の考え方の基盤**となっています。

また、世界の仕組みもいずれは合理的に理解され、科学的に解明されるはずだと考えられています。

そして、非理性的・非合理的な考え方や、共同体に従属するような生き方は、前近代的な価値観として否定されます。それらは「近代」になって始まった考え方であり、いまも私たちは、基本的にはそうした価値観の中で生きています。

ところが、**現代では、そうした「近代」の考え方に対する疑いも広がっています。近代の理性重視の考え方が、さまざまな弊害をもたらしている**こともわかってきました。

たとえば、近代科学では、人間は自然を支配し、つくり替えることができると考えられてきましたが、そうした考え方が、自然破壊をもたらし、地球温暖化をはじめとする環境問題を引き起こしていることが明らかになっています。

私たちはいつも理性的ではいられないし、どうしようもない偏見や思い込みで判断を誤ることもしばしばあります。共同体から孤立しては生きていけないし、科学がすべての物事を解明できるわけでもありません。

また、自分が「個性」や「自我」だと思っていたものが、じつは生まれ育った文化に枠づけられた価値観にすぎなかったり、行動の多くが無意識に支配されていたりすることも、学問的にわかってきました。

このように、**「近代」の考え方が必ずしも絶対とはいえないことは、いまでは多くの人も認識するようになっています**。

しかし、一方で、私たちが無意識にしてしまったことも、「自立した個人」による理性的な判断、意思決定として法によって裁かれます。

また、たんに「人気がある」「握手してくれた」というだけで投票する人がいても、それも「自立した個人」の理性的な意思決定として尊重されてしまいます。**「自立した個人」**

**というあり方が否定されてしまうと、民主主義も法の支配も成り立たなくなってしまう**からです。

したがって、**「近代」の考え方を全否定することは、現在の社会の仕組みや、それを支えている根本的な価値観の否定につながりかねません。**

「近代」について考えるうえでは、現代人の思想の現状がそうした矛盾した状況にあることを踏まえる必要があるでしょう。

## 課題

次の文章を読み、最終段落の傍線部「キツネにだまされる人間の能力」が、日本の人々から失われたことによって、日本の社会は、何を失い、何を得たのか、筆者の見解を踏まえたうえで、あなたの考えを600字以内で述べなさい。

（東京都立大学・人文社会学部　2020年度　設問一部改変）

---

日本の人々がキツネにだまされていた時代とは何か。その時代に人々はどのような精神世界をもち、どのように自然とコミュニケーションをとりながら暮らしていたのか。

そのような問いをたてるとき、ここにはかなり深い考察課題があることに気づく。現代の私たちの精神世界で「キツネにだまされた」という言葉を用いれば、それはあやしげな話にすぎない。しかし現代の私たちとは大きく異なる精神世界で生きていた人々にとっては、キツネはどのようなものとして私たちの横に存在していたのか。今日の私たちの精神では到達できないものがそこにあったことを、私たちは確認しておいたほうがいい。

そのような視点にたって、(中略)次のことにふれておこう。それは生命の個体性について、である。

人間がキツネにだまされなくなっていく頃、村の社会から消滅していくひとつの儀礼があった。もっともその儀礼のいくつかはいまでも残っているから、消滅したというより形骸化したといったほうが正確なものもある。それは民俗学が「通過儀礼」と呼んできたものである。

私が暮らす群馬県の上野村から東京方面に峠を越えると、埼玉県の秩父盆地に出る。上野村は長野県の佐久地方と秩父盆地を結ぶ街道ぞいの村で、現在では街道は国道二九九号線になっている。このような歴史もあって、上野村には佐久地方の文化と秩父地方の文化が入っている。

かつて一九七〇年代に、姫田忠義が『秩父の通過儀礼』というドキュメンタリーフィルムを撮っている。実際にはこのフィルムはおこなわれなくなった儀礼を村人に復活させて撮影した部分も多い。一九六〇年代に村の儀礼は急速に解体していき、何とかそれ以前の姿を記録しようと、細部にいたるまで記憶を残している人がいるうちに姫田が撮ったフィルムである。

通過儀礼とは子どもが大人になる過程でおこなわれる行事のことである。「秩父の通過儀礼」では、子どもが生まれる前、つまり子どもが生まれることを希望する人たちがおこなう村の儀礼から記録されている。子を授けてくれるように神様にお願いする儀礼で、それは山のお堂に行ってお参りし、ときにそのお堂で一晩過ごす儀式である。

妊娠してからもいくつかの儀式がある。子どもが生まれて三日後には雪隠《せっちん》参りがある。かわやの神様に生まれた子を連れて報告に行く行事である。「雪隠」、「かわや」といえば便所のことであるが、いまでも一定年齢以上の人なら、かわやには神様がいると教えられた人も多いだろう。

雪隠参りのときは、子どもの額に墨で「犬」という字を書いて出かける。これは犬の強い生命力にあずかって、丈夫に育つようにということらしい。面白いのはお参りに行くかわやは、自分の家の便所ではなく、隣の二軒の家の便所だということである。なぜそういう決まりになっているのかは、私にはよくわからない。ともかくも、その日が生まれてきた子どもがはじめて家の外に出る日である。

それからもいろいろな行事がつづき、やがて五、六歳になると、子どもたちだけでおこなう祭りや行事に加わるようになる。ここでは年長者が幼少の者たちに教えながら、祭りや行事が遂行されていく、そうやって子どもは次第に若者になり、大人になっていくのである。

雪隠参りなどは上野村でもおこなわれていたと村人は言う。おそらくかなり多くの儀礼や行事が秩父と上野村は共通していたのだろうと思う。上野村では一九六〇年代にほとんどの通過儀礼が消滅した。

このフィルムをみて感じることは、一人の人間の生命に対する感じ方の今日との違いである。現在の私たちは、生命というものを個体性によってとらえる。たとえば、私という生命がある。あなたという生命がある。このふたつの生命は無関係な位置にあるのかもしれないし、何らかの結びつきをもった関係にあるのかもしれない、というように、出発点にあるのは個体としての生命である。

花ひとつひとつにも、木の一本一本にも、虫一匹一匹にも、もちろん動物や人間一人一人にも、それぞれ固有の生命があり、全体的世界を個体の生命の集合としてとらえる。

しかしそれは、特に村においては、近代の産物だったのではないかと私には思えてくる。もちろんいつの時代においても、生命は一面では個体性をもっている。だから個人の誕生であり、個人の死である。だが伝統的な精神世界のなかで生きた人々にとっては、それがすべてではなかった。もうひとつ、生命とは全体の結びつきのなかで、そのひとつの役割を演じている、という生命観があった。個体としての生命と全体としての生命というふたつの生命観が重なり合って展開してきたのが、日本の伝統社会だったのではないかと私は思っている。

この感覚は木と森の関係をみるとよくわかる。木はその一本一本が個体性をもった生命である。だから木の誕生もあるし、木の死もある。しかしその木は、もう一方において、森という全体の生命のなかの木なのである。しかも森の木は、周囲の木を切られて一本にされてしまうと、多くの場合は個体的生命を維持することもむずかしくなるし、たとえ維持できたとしても木のかたちが変わってしまうほどに、大きな苦労を強いられる。

森という全体的な生命世界と一体になっていてこそ、一本一本の木という個体的生命も存在できるのである。

この関係は他の虫や動物たちにおいても同じである。森があり、草原があり、川があるからこそ個体の生命も生きていけるように、生命的世界の一体性と個体性は矛盾なく同一化される。

伝統社会においては人間もまた、一面ではこの世界のなかにいた。人間は個人として生まれ個人として死ぬにもかかわらず、村という自然と人間の世界全体と結ばれた生命として誕生し、そのような生命として死を迎える。人間は結び合った生命世界のなかにいる、それと切り離すことのできない個体であった。

伝統的な共同体の生命とはそういうものである。ところがその人間は「自我」、「私」をもっているがゆえに、共同体的生命の世界からはずれた精神や行動をもとる。だからこそ共同体の世界は、地域文化が、つまり地域の人々が共有する文化が必要であった。それが通過儀礼や年中行事であり、それらをとおして人々は、自然とも、自然の神々とも、死者とも、村の人々とも結ばれることによって自分の個体の生命もあることを、再生産してきた。

このような生命世界のなかで人がキツネにだまされてきたのだとしたら、キツネにだまされる人間の能力とは、単なる個体的能力ではなく、共有された生命世界の能力であった。

（内山節著「日本人はなぜキツネにだまされなくなったのか」より）

## 課題の解説

**傍線部の「キツネにだまされる人間の能力」については、課題文だけを読んでも説明がないのではっきりしません。**

ただ、傍線部を含む最後の段落に、「キツネにだまされる人間の能力とは、単なる個体的能力ではなく、共有された生命世界の能力」とあるので、**この「共有された生命世界の能力」とは何かを考えると、わかりやすくなります。**

**課題文は、日本の村の伝統儀礼にあらわれている前近代の人々の「生命」の捉え方について説明しています。**

現代人の私たちは、ふつう、人間や動物、一本一本の木にも、それぞれ固有の生命があると考え、世界はそうした個体の生命の集合体と考えます。

しかし、そう考えるようになったのは「近代」の産物であって、前近代の社会では、生命は全体性の中で捉えられ、個々の生命は全体の中で生かされていると考えられていました。**「キツネにだまされる人間の能力」というのは、そうした生命の全体性を感じ取る能力と言い換えてもいい**でしょう。

つまり、**筆者は、近代化することで、日本の社会から伝統的な生命観、つまり生命を全体性の中で捉える考え方が失われたことを問題にしている**わけです。

ちなみに、課題文は日本の村社会を例に論じていますが、**課題文が問いかけていることは、日本の社会に限らず、世界中の近代社会に当てはまること**です。その点は注意しましょう。

## 攻略のポイント

設問では、「キツネにだまされる人間の能力」、つまり生命の全体性を感じ取る能力が失われたことで、「日本の社会は、何を失い、何を得たのか」を考えることが求められています。

とはいっても、日本社会が失ったものと得たものをたんに書き並べても小論文にはならないので、基本どおり、イエス・ノーの問題提起をする必要があります。

第1部で、「キツネにだまされる人間の能力」が生命の全体性を感じ取る能力と言い換えられることを説明します。

「筆者の見解を踏まえたうえで」とありますが、筆者は明らかにそうした能力が失われたことを否定的に捉えているので、その点に触れたうえで、その見解が正しいかどうかを問題提起しましょう。

そして、イエスの場合は、第2部の「確かに……」の部分に日本社会が得たものを、第3部に日本社会が失ったものを説明すれば、うまくまとまるはずです。

ノーの場合は、その逆の書き方をすればいいでしょう。

生命の全体性を重視することは、自然との共生や他者との支え合いを重視する考え方につながります。その一方で、個人の軽視につながる恐れもあるわけで、そうしたことを考えると、イエス・ノー両方の根拠をしっかりと示すことができるでしょう。

ただし、イエス・ノーのどちらで書くにしても、単純な前近代賛美や、無条件に近代を肯定するような論じ方は避けるべきでしょう。

## 模範解答例（その1、イエスの立場）

### 自然とのつながりが見失われ、環境破壊が進む

傍線部の「キツネにだまされる人間の能力」というのは、生命を個別的なものとしてではなく、全体的なものとして捉える能力ということだ。筆者は、そうした能力が社会から失われたことを否定的に論じているが、その見方は正しいのだろうか。

確かに、生命を全体性として捉えるのではなく、個別性によって捉えることで、人間社会は発展してきた面もある。人間がキツネをキツネとして認識するようになって、近代科学が発展し、それが文明の進歩につながったのだ。その側面を否定し、前近代の生活に戻ることはできない。しかし、生命の全体性を捉える大切さを、もう一度再認識すべきだ。

生命の全体性を感じ取れなくなったために、近代のさまざまな問題が起こっている。生命の全体性を見失うということは、人間と自然のつながりや、環境の中で生かされる人間のあり方も見失うということだ。そのため、環境破壊のようなことが起きている。環境破壊は、近代人が自然とともに生きる生き方や、人間の生命を環境全体の中で捉えることを忘れたために起きたといってもいいだろう。そしてそのことが、逆に私たち人間の生活や生命を脅かす結果にもなっているのだ。そうならないためにも、生命の全体性を感じ取る能力を取り戻し、自然との共生を試みることが必要だ。

よって、「キツネにだまされる人間の能力」が失われたことは好ましくないと考える。

## 模範解答例（その2、イエスの立場）

### 人と人の支え合いが見失われ、社会的に孤立する人が増える

傍線部の「キツネにだまされる人間の能力」とは、生命を全体的なものとして捉える能力のことだ。筆者はそうした能力の喪失を否定的に捉えているが、筆者の見解は正しいといえるのだろうか。

確かに、生命の全体性を重視する考え方が失われたことで、個人主義が発展したという面はある。たとえば、近代になって個人の人権や自由が尊重されるようになったのは、生命を全体性ではなく、個体性の中で捉えるようになったからだろう。それが民主主義を支える理念のひとつとなっていることは否定できない。しかし、それでも、私は生命の全体性を捉える能力が失われたことはよくないことだと考える。

人間の社会は本来、人と人が互いに生かし生かされることで成り立っている。生命の全体性を捉える能力が失われるということは、そうした支え合いの大切さも見失ってしまうということだ。それによって、人はひとりでも生きていけると考えるようになってしまうと、互いに共感し合うことがなくなり、争いの絶えない社会になる恐れがある。それだけでなく、他者とつながり合うことができず、社会的に孤立する人が増え、社会が成り立たなくなってしまう恐れもあるのだ。

よって、「キツネにだまされない人間の能力」が失われた社会は好ましくないと考える。

## 模範解答例（その3、ノーの立場）

# 生命の個体性の重視は人権や民主主義の尊重につながる

筆者の言う「キツネにだまされる人間の能力」とは、生命の全体性を感じ取る能力と言い換えられるだろう。筆者は、そうした能力が社会から失われたことを否定的に捉えているが、その考えは正しいといえるのだろうか。

確かに、生命の全体性を感じ取る能力が失われたために、近代社会が失ったものも少なくない。たとえば、自然とともに生きる生き方や、人と人との支え合い、他人に共感する心といったものが失われたと考えている人は多い。そうしたことへの反省は必要だろう。しかし、だからといって、近代の状況を好ましくないとはいえない。

生命を全体性の中で捉えることは、得てして、生命の個別性、個体性が軽視されることにつながる。一人ひとりの人間のかけがえのなさが、軽く見られる傾向がある。かつての日本の村では、和や協調性が重視される反面、集団になじめない人や異質な個性の持ち主は排斥されてしまうことも多かった。そうした前近代のあり方を否定し、生命の個体性を尊重する考え方が広まったからこそ、個人の人権や自由を尊重する民主主義の考え方も定着したといえるはずだ。そうした民主主義の基盤ともいえる近代の生命観を否定はできない。

したがって、私は「キツネにだまされる人間の能力」が失われた社会の状況は、決して悪いものではないと考える。

## 悪い解答例

傍線部の「キツネにだまされる人間の能力」というのは、たんなる個体的能力ではなく、共有された生命世界の能力のことだ。では、「キツネにだまされる能力」が失われたことは、日本の社会にとっていいことなのか。

確かに、そうした能力が失われたことで、日本の社会が失ったものもある。一人ひとりの人間は、本来、共同体や自然とのつながりがなければ生きていくことができない。「キツネにだまされる人間の能力」を失ったことで、人々はそうしたつながりを見失い、社会や世界から孤立して生きるようになってしまっている。自殺や引きこもりなどが増えているのも、そうした要因からかもしれない。

しかし、逆に日本の社会が得たものも少なくない。伝統的な共同体では、村の掟や人間関係などに縛られて、個人が自由な言動をすることは許されなかっただろう。「キツネにだまされる人間の能力」は、集団重視・個人軽視につながるものだからだ。そうした能力を失うことで、共同体の縛りから解放されて、日本人はもっと個人として自由に振る舞うことができるようになったはずだ。

このように、「キツネにだまされる人間の能力」が失われたことは、日本の社会にとって多くのメリットとデメリットをもたらしたといえるだろう。

POINT 1

課題文に書いてあることを引き写しているだけになってしまっている。傍線部の意味について、ちゃんと自分の言葉で説明したうえで、「筆者の見解」にも触れなくては！

POINT 2

第2段落と第3段落とで、「キツネにだまされる人間の能力」が失われたことによるメリット・デメリットを書き並べただけになってしまっている。そうではなく、基本どおり、イエス・ノーの立場を決めたうえで、第2部の「確かに……」の部分で反対意見を、第3部で自分の意見の根拠を論じること。

POINT 3

「結論」もどっちつかずの中途半端な書き方になってしまった。ここでは、問題提起に対するイエス・ノーをはっきりと示すこと。

# 3 哲学・思想

哲学・思想については、難関校の人文系で出題されることがときどきあります。

哲学史の知識が必要なケースはそれほどありませんが、哲学的な概念や考え方を知っているといないとでは、課題の理解度が大きく違ってくるでしょう。

とくに、近代哲学から20世紀以降の現代思想への流れについては、狭い意味での哲学・思想だけでなく、「文学・芸術」「大学・学問」など、さまざまな分野と大きな関わりがあります。

そのため、「近代」のテーマと合わせて、ひととおり知っておくほうがいいでしょう。

## テーマの解説

**哲学のルーツは古代ギリシャにある**といわれています。

たとえば、古代ギリシャの哲学者たちは、「世界は何からできているか」「世界の統一原理とは何か」などと問いかけ、壮大な理論を展開しました。

こうした古代の哲学は、狭い意味での哲学だけでなく、自然科学や数学などのルーツにもなっています。

それに対し、**ソクラテスは「世界とは何かと問いかける自分自身について、私たちは何を知っているのか」と問い直し、「知る」とは何か、知る主体としての「私たち」とは何ものか……と、問いをさらに深化**させていきました。

このように、**ソクラテス以降、哲学はたんに外の世界だけでなく、人間の内面や認識、思考のあり方といったものへと向かう**ようになります。

**デカルト以来の近代哲学は、物質世界と、それを観察・分析する主体としての精神とをキッパリと区別しました（心身二元論）**。近代科学も、そうした心身二元論のもとに成り立っています。

この心身二元論は、真の存在はあくまでも人間の精神や理性であって、物質世界は見せかけの存在にすぎないとみなしていました。

たとえば、人間（精神）が自然（物質）を支配し、理性によってコントロールできるという考え方も、そうした近代哲学の考え方がもとになっているといえます。

しかし、人間も世界の一部である以上、そうした考え方にはどこかに無理が生じます。「近代」の項目で説明したようなさまざまな弊害が生じたのも、もとはといえば、こうした近代哲学の根本的な考え方に原因があるといえるでしょう。

いわゆる現代思想は、そうした近代哲学の考え方に疑問を突きつけるところから始まっています。

その**鍵となったのが、「構造」という考え方**です。

たとえば、マルクスやフロイトは、**「人間は理性（精神）によって自分をコントロールし、社会を構築していると思い込んでいるが、じつは人間の意識も社会も、理性のコントロールが届かない無意識の構造や経済的な下部構造によって支配されているのだ」**と論じました。

つまり、精神や物質といった実体があるのではなく、それらを根底で支配している全体の構造があるだけだ、という考え方です。

これがいわゆる**「構造主義」**で、その変形が**「ポスト構造主義」「ポストモダン思想」**（「構造」を「生成変化」や「差異」と言い換えた）といってもいいでしょう。

ただし、**現代思想は、人間中心・理性重視の近代の考え方を解体する役割こそ果たしましたが、「人間はどうあるべきか」「人間は世界とどう関わるべきか」といった根本的な問いには答えを出すことができませんでした。**

そのため、**近年は、人間の主体性や理性のあり方などをもう一度問い直す動きが主流になってきています。**

哲学・思想がテーマとなっている問題に対しては、こうした哲学・思想史の流れをひととおり踏まえて考える必要があるでしょう。

## 課題

次の文章を読んだうえで、筆者はなぜ「合理的な共通了解を形づくることが必要」だと考えているのかを説明し、それに対するあなた自身の考えを論じなさい。

（600字以内）

（九州大学・文学部　2020年度　設問一部改変）

ポストモダン哲学が流行した二〇世紀後半には、「差異」や「多様性」が称揚され、「同一性」「本質」「合意」「普遍性」などは悪しきものとされる雰囲気が強くあった。それらは、諸個人の価値観の自由と多様性を抑圧するものと受けとられたからである。二一世紀になった現在でも、「合意」に対する警戒感をもつ人たちは多い。やはりそれも、〈合意ないし共通了解をつくりあげることは「党派性」をつくりだすことになり、合意の内部では個々人の多様性を抑制し、そして合意の外側にいる人たちを攻撃することになる〉というイメージが念頭にあるからだろう。

しかし、合意や共通了解を、習慣や強制によるものではなく、その内容の合理的な根拠を各自が洞察し納得することによってつくりあげることができるのなら、それは個々人の自由を抑圧するものではなくなる。むしろそのことは、私たちが助け合うことを可能にするはずである。また逆に、「洞察にもとづく共通了解」が不可能だとすれば、私たちは自分たちの生活を（個々人の生や社会の環境を）よりよきものとして創りあげていく力を失ってしまうことになる。この点について、フッサールのいうところを聴いてみよう。

フッサールは最晩年の『ヨーロッパ諸学の危機と超越論的現象学』（一九三六）にお

いて、近代における哲学と学問の意義を次のように語っている。――ルネサンスにおいて、ヨーロッパの人間性は革命的な転換を遂げた。ルネサンス人は、古代人（ギリシア人）の本質を「〝哲学的な〟存在形式」としてとらえ、それを自分たちの模範としようとしたのだ、と。では、哲学的な存在形式とはどのようなものか。

理論としての哲学は、研究者だけを自由にするのではなく、哲学的な教養を持つすべての人を自由にする。そして理論的自律から、実践的自律も生まれてくる。ルネサンスを導く理想において、古代人とは、自由な理性において洞察的に［洞察に従ってeinsichtig］自己を形成するものなのである。この復興された〝プラトン主義〟にとっては、自己自身を倫理的に形成することだけではなく、すべての人間の環境を、すなわち人間の政治的・社会的な現存を、自由な理性から、一つの普遍的哲学の備える諸洞察から、新たに形成する必要があるということも、その自己形成のうちに含まれているのである。（Krisis, §3, S.6.）

ルネサンスを導く理想としての古代人を、「自由な理性において洞察的に自己を形成するもの」と語るとき、フッサールはソクラテスとプラトンのことを念頭に置いている。対話をしながら、「何がよいことであり・なぜよいのか」を確かめ、そこで明確になってきたものに従って生きようとする姿勢のことである。

その姿勢を「自由」「理性」「洞察」「自律」という言葉で描くところに、フッサールらしいつかみ方が感じられる。そしてこれは、ヨーロッパの近代哲学、とくにカントを思わせるものでもあるのだが、この四つの言葉がどのように結びついているのかを、確認しておこう。

フッサールのいう「洞察　Einsicht、insight」とは、ある命題や理論の正しさについて、そこに確かな根拠があるかどうかをみずから吟味することを指す。そして、そのうえで、みずから正しいと判断したことのみを受け入れる姿勢のことが、ここで「理論的な自律」と呼ばれているものだ。そしてこの理論的な自律は、「実践的な自律」、つまり、自分個人の行為や自分たちの社会のあり方を、自分自身の洞察にもとづいてよりよいものへと形成していくことにつながる。このような仕方で生きようとしたのがルネサンス以降のヨーロッパ人たちであった、とフッサールはいいたいのである。

この「自律　Autonomie」という言葉は、カントが『実践理性批判』や『啓蒙とは何か』などの著作でしばしば語っている重要なキーワードである。他者からの命令や伝統や習慣にそのまま従う姿勢（他から律せられる＝他律　Heteronomie）と反対に、みずからその正しさを洞察したことにのみ従う（自分で自分を律する＝自律）という特別な意味での自由を、自律は意味する。つまり、欲望の解放という意味での自由とは異なり、自分（たち）の考え方と生き方とを合理的な洞察によってコントロールすることを指す。

この、自由・自律・洞察・理性という言葉の背景には、ルネサンス以降、ヨーロッパが「近代」になっていく過程での、社会の大きな変化がある。中世には農奴たちが領主のもとで畑を耕して生きていたが、ルネサンス以降のヨーロッパでは、交易と商業が大きく進展していく。そしてその中心地としての都市は力を蓄え、そのなかから、領主から独立して市民たち（中心は親方たち）自身が運営する「自治都市」も生まれてくる。

そして交易と商業と都市の発展は、「人は自分の生き方を自分で選んでよい」（都市のなかではだれでも努力によって親方になれた）という生活感性を生み出すとともに、固定的な身分の観念を打ち壊しつつ「皆が同じ人間にすぎない」という感性をも、生み出していく。そこからは、〈人は自分の生き方をみずから選択しうる自由な存在であり、また、そのような存在としてどの人も対等である〉という明確な思想が結実していく。そして一七世紀末のイギリスのロック、一八世紀フランスの啓蒙思想とルソー、一八世紀末から一九世紀にかけてのドイツのカントとヘーゲルなどによって、この思想は具体化されていくことになる。

なかでも重要な思想家として、私はルソー（一七一二―一七七八）を挙げたい。ルソーは自由を「自分自身の主人であること」――自分自身の生き方をみずから決定しコントロールできること、の意――と表現したが、だれもが主体的に生きられるわけではない。また、自分たちの国家を自分たちでつくりあげる民主的で自治的な国家も、簡単に実現できるわけではない。そこでルソーは、自由な主体を育てるための教育論・人間論を『エミール』（一七六二）で描き、他方で、自由な主体たちが国家を営むさいの諸原則を『社会契約論』（一七六二）で描いた。

この自由・自律ということを、個々人の生き方の面でみてみよう。一人の教師が、どうすることが「よい」教育なのか悩んでいるとする。それについて、ある納得できる考え（自分だけでなく他の教師や生徒や親たちもそう考えるだろうと信じられるような、合理的な内実をもった考え）をもてるとき、その人は自由になれる。悩みから解放されるだけでなく、自分のめざすものが明確になり、「価値あること」の実現に向かって真っ直ぐに進むことができるからだ。

また、自分たちの生きる社会について、社会政策のよしあしを判断するための「原則的な考え方」をまったくもてないとしよう。そのとき、一人の市民としてははなはだ頼りない気持ちがするだけでなく、自分たちでもって自分たちの社会をよりよいものとして創っていけるという確信ももてず、なりゆきにまかせるしかないという無力感に支配されることになるだろう。

語りあい、考えあうことによって、信頼できる考えを共有することができなければ、一人ひとりの生の問題についても、また私たちが社会をともに形成していくということについても、私たちは無力感を抱え込まざるを得ない。そしてついに、自分たちの利益や理想を実現するには「力」に訴えるほかない、と感じる人たちが出てくるかもしれないのである。

だからこそ、合理的な共通了解を形づくることが必要なのであり、私たちどうしが語りあいながらそれをつくりだすことは、私たちが〝助けあう〟ための一つの仕方といってよい。
西　研『哲学は対話する―プラトン、フッサールの〈共通了解をつくる方法〉』（筑摩書房、二〇一九年）より。なお出題の都合により小見出し、注記を省略し、文章の一部に変更を加えた。

## 課題の解説

**課題文は、フッサールやルソーといった哲学者に触れながら、近代的な自由・自律がどうすれば実現できるのかを論じた文章**です。

**近代の「自由」というのは、自律、つまりルソーの言う「自分自身の主人であること」（＝「自分自身の生き方をみずから決定しコントロールできること」）と切り離せません。**

そして、**そうした自由と自律は、社会的な合意や共通了解なしには成り立たない、というのが筆者の考え**です。

こうした「自由」の考え方は、ルソーに代表されるように、近代ヨーロッパに特有の考え方です。

それに対し、課題文の冒頭でも触れられているように、20世紀後半のポストモダン哲学では、そうした「合意」は個人の自由や多様性を抑圧するものとして、どちらかというと否定的に捉えられていました。

ところが、21世紀になって、ポストモダン哲学の限界が明らかになるにつれて、そうした合意の重要性が見直されるようになってきています。

もちろん、いまでも多様性や自由は尊重すべき重要な価値として認められていますが、同時に、そうした**多様な文化・価値観の人々が社会の中で共生したり、また個々人の自由がぶつかり合ったりしないようにするためには、一定の合意や共通了解が必要なのも間違いありません**。

そうした思想的・社会的な背景を踏まえて考える必要があります。

## 攻略のポイント

設問では、まず、筆者が「合理的な共通了解を形づくることが必要」だと考えている理由の説明が求められています。

簡単にいうと、そうした共通了解が成り立っていてこそ、一人ひとりが自由でいることができる、ということです。なぜなら、それがなければ、人は自分の生き方や社会のあり方に確信がもてず、結局は力に頼るしかなくなるからです。

最初にそうしたことをまとめたうえで、「自由でいるには合意や共通了解が必要」という考えが正しいかどうかを問題提起するといいでしょう。

イエス・ノー、どちらの立場も可能です。

イエスで書くなら、筆者の議論を補うつもりで考えるといいでしょう。

たとえば、

「社会的な合意がないままでは、一人ひとりが自分勝手に振る舞うだけで、力の強い者が支配する社会になる。それでは、多様性や少数派の自由はむしろ抑圧されてしまう」

「多様性や自由を尊重するといっても、個々の自由が衝突したり対立しないような枠組みが必要だ。そうした枠組みをつくるためにも、何らかの合意や共通了解が不可欠だ」

などのように論じることができます。

ノーであれば、社会的な合意や共通了解を求めることの問題点を考える必要があります。

たとえば、そうした考えは、合意や共通了解を強要することにつながり、結局は社会の多数派の声に少数派が従わざるをえなくなる恐れがあります。

そうしたことを書けば、十分説得力のある内容になるはずです。

## 模範解答例（その1、イエスの立場）

### 力が強い者が有利になる社会にしないために必要

筆者によれば、合理的な共通了解が必要なのは、そうした共通了解があってこそ、個人も自分の生き方に確信がもて、自由でいられるようになるからだ。それでは、そうした考え方は、はたして正しいといえるのだろうか。

確かに、社会的な合意や共通了解を重視することには危険な面もある。合意や共通了解が必要となると、結局は社会の多数派の声が支配的になる。すると、少数派は多数派に従わざるをえなくなる恐れがある。そうならないよう気をつける必要はある。しかし、それでも、合理的な共通了解なしに真の自由は実現しないと考える。

社会的な合意がないということは、個人の振る舞いを方向づける規範がないということだ。すると、人は自分勝手に振る舞い出すか、何をしていいのかわからなくなってしまうかのどちらかになるだろう。そうなると、勝手な振る舞いをためらわない者、そしてそれを押し通せるだけの力の強い者が有利になる。社会は、そうした力の強い者が支配するようになるだろう。それでは、支配される側の自由は失われ、多様性は抑圧されてしまう。合意や共通了解がないままだと、そうした社会になる危険があるのだ。

したがって、私は筆者と同じように、一人ひとりが自由でいられるには合理的な共通了解が必要だと考える。

## 模範解答例（その2、イエスの立場）

# 価値観の衝突・対立を避けるために必要

筆者は、合理的な共通了解が必要な理由として、そうした共通了解があってこそ、個人も自分の生き方に確信がもて、自由でいられるようになると述べている。それでは、そうした考え方は、はたして正しいといえるのだろうか。

確かに、合意や共通了解を求めるといっても、それが同じ価値観の強要につながれば、多様性の抑圧につながる危険があるだろう。そうした合意や共通了解の枠組みからはみ出してしまう人たちもいるかもしれないからだ。そうならないように配慮することは必要だ。しかし、そうしたことがあるとしても、原則としては、合意や共通了解がなくては個々人の自由は保障されないだろう。

多様性や個人の自由を尊重するといっても、何の規範もないままだと、個々人の価値観が衝突したり、自由な振る舞いの結果対立が深まったりするだろう。そうなると、個々人は自分で自分の自由を守るしかなくなり、ますます衝突や対立が激しくなり、社会は混乱に陥るはずだ。そうならないようにするためにも、何らかの社会的な合意や共通了解のもとに、「こうあるべき」という一定の枠組みや規範が必要だ。そうしてこそ、すべての人の自由を平等に守り、保障することができるのだ。

したがって、私は個々人の自由を守るためにも、合理的な共通了解が不可欠だと考える。

## 模範解答例（その3、ノーの立場）

### 少数派の抑圧につながり、自由と多様性が失われる

筆者は、「合理的な共通了解が必要なのは、そうした共通了解があってこそ、個人も自分の生き方に確信がもて、自由でいられるようになるからだ」と述べている。では、そうした考え方は正しいのだろうか。

確かに、多様性や自由を尊重するといっても、何らかの枠組みや規範がなければ、力の強い者が自分勝手な自由を行使するだけの社会になる恐れもある。その意味では、社会が成り立つためにも、法律などの最低限の規範やルールは必要かもしれない。しかし、だからといって、そうした合意や共通了解を不可欠なものと考えるべきではない。

社会的な合意や共通了解が成り立つには、どうしても多様性を犠牲にする必要が出てくる。全員の価値観を保障するのは難しいので、そうした合意や共通了解を形づくるには、やはり社会の多数派の価値観を優先せざるをえない。そうなると、少数派の価値観は、そうした合意や共通了解の枠組みから漏れてしまう。そして、結局は社会の多数派の声が支配的になり、少数派はそれに従わざるをえなくなるだろう。そうなると、実質的には少数派の自由の抑圧につながり、個人の自由や多様性が社会から失われてしまう危険がある。

このように、私は「自由のためには合理的な共通了解が必要」とする筆者の考え方には反対だ。

## 悪い解答例

筆者が「合理的な共通了解を形づくることが必要」だと考えているのは、合理的な共通了解が成り立っていてこそ、一人ひとりが自由でいることができるからだ。なぜなら、それがなければ、人は自分の生き方や社会のあり方に確信がもてないからだ。そうなると、結局は力に頼るしかない、と考える人が出てくる恐れがある。そうならないために、合理的な共通了解が必要なのだ。それでは、そのような筆者の考えは正しいといえるのだろうか。

確かに、筆者の考えにも一理あるだろう。しかし、だからといって、それを認めるわけにはいかない。

「合理的な共通了解を形づくる」といっても、現実には人はそれほど合理的に物事を判断することはできない。まして、立場や価値観の異なる人たちが互いに理性的に話し合って共通了解を形づくることは不可能に近い。議会でも、多数決によって法律を決めているが、多くの人はそれに違反すると犯罪になるから従っているだけで、心の底から納得しているわけではないだろう。だが、それでも社会は成り立っているわけだから、「合理的な共通了解」などなくても、ルールとそれを強制的に守らせる仕組みがあれば十分なのだ。

したがって、私は「合理的な共通了解が必要」とする筆者の考えには反対だ。

POINT 1

筆者が「合理的な共通了解」を必要と考える理由の説明が長すぎて、四部構成の字数配分のバランスが崩れてしまっている。第1部はもっと短く、全体の20パーセント程度までに収めよう。

POINT 2

第1部とは逆に、第2部が極端に短くなってしまっている。「確かに……」の部分も、形のみそれらしく書いているだけで、反対意見の説明になっていない。

POINT 3

「合理的な共通了解を形づくることは不可能」といっているだけで、「それが必要かどうか」を問う問題提起とかみ合っていない。これでは問題提起に答えたことにならない。ノーの立場で書くなら、「合理的な共通了解」を求めることが社会にもたらす悪影響や問題点を考えてほしい。

# 4 文学・芸術

文学部や芸術学部では、文学や芸術のあり方について問われることがしばしばあります。

とくに、現代社会における文学・芸術の役割とか、文学・芸術を鑑賞・研究することの意義などが問われます。教育系でも、似たような出題がされることがあります。

文学・芸術のあり方自体も、社会の変化に伴って大きく変わってきています。

そうした変化について知らないと、幼稚なことしか答えられないので、「現代文学・現代芸術とはどんなものか」「何が問題になっているのか」なども、ひととおり頭に入れておくべきでしょう。

## テーマの解説

文学や芸術と呼ばれるものは、古代から存在しますが、近代以前と以降とでは、そのあり方がずいぶん違っています。

たとえば、古代エジプトの彫像は芸術作品としてすばらしいものですが、作者が誰かを気にする人はいません。日本の和歌や俳句も、本来は歌会や連歌会で披露されるものであって、特定の作者がクローズアップされることはありませんでした。

ところが、**近代以降、芸術作品は特定の作者の創造行為の産物とみなされるようになります**。作品は、芸術家（アーティスト）である作者の世界観や思想、感情などを表現したものとされるようになり、**作品と作者は切り離せないものになります**。

こうした考え方はいまでもふつうにあって、文学研究の一環として作家研究というものが成り立つのも、そうした前提が根底にあるからでしょう。

それに対し、**現代では作品を「テクスト」とみなす考え方も出てきています**。

**作品というのは作者の意図を超えて、時代や状況に応じてさまざまな読み方を可能にするものだ**、という考え方です。

たとえば、19世紀ロシアの時代状況と宗教精神に根ざしたドストエフスキーの作品がいまでも読まれるのは、現代の日本の読者をも惹きつけるような重層的な意味をそこに読み取ることができるからでしょう。つまり、読者が「読む」ことを通じて、芸術作品の意味や価値をつくり上げていくわけです。

一方で、そのような考え方は、芸術作品そのもののあり方も変えていきます。

たとえば、現代美術は、キュビスムのように対象を幾何学的な図形に変換したり、抽象絵画のように線と色のシンプルな組み合わせに還元するなど、次第にわかりやすい意味やメッセージ性を取り払って抽象化していきます。そして、たんなる便器や既成の商品の外箱を再現したものまで、「芸術作品」とみなされるようになります。

こうした作品は、**もはや鑑賞されるものというより、見る者に「芸術とは何か」を考えさせるきっかけのようなもの**になっています。

つまり、**作品そのものを楽しむというよりも、それについて考え、批評することが鑑賞の目的になっている**わけです。こうなると、芸術作品はもはや気軽に楽しめるものではなくなってしまいます。

このように、**芸術表現がどんどん先鋭化していく一方で、芸術の大衆化が進んでいったのが20世紀**です。

複製技術の発達によって、有名な絵画や音楽作品も画集やレコードなどで手軽に鑑賞できるようになりました。そして、そうした大衆の好みに合わせて、表現としてはむしろ古典的なポピュラー・ミュージックやイラスト作品が広く流通するようになります。

こうして、**現代芸術や現代音楽の多くは、一部の愛好家だけのものになって、大部分の人が関心をもつものではなくなってきているのが現状**です。

しかし、芸術が活力を取り戻すためにも、芸術が現代の社会においてどんな役割を果たせるのかを改めて問い直す必要があるでしょう。

## 課題

**次の文章の傍線部「そうした芸術作品には正解、つまり解釈の決定版はない」とあるが、筆者の考える「芸術作品」の「解釈」とはどういうことかをまとめ、それに対するあなた自身の考えを述べなさい。（600字以内）**

（熊本大学・文学部・文学科　2020年度　設問一部改変）

俳句はわずか十七音、おそろしく短い。何を当たり前のことをと思われるかもしれない。だがひそかに思うに、日本人は俳句がどれほど短いかを本当によく知っているだろうか。俳句が世界一短い詩であるかどうかは、よく知らない。だがそれはともかく、俳句を理解するには、まずそれがとんでもなく短いことに、本気で驚く必要がある。

俳句の短さを実感してもらうためには、第一に、一般にそれよりはるかに長い欧米の詩を引き合いに出すやり方がある。俳句は一万行を超えるミルトンの叙事詩や、シェリーやユゴーの長い長い抒情詩《じょじょうし》の、たった一行よりも短い。ご関心の向きは、九月に出た拙著『俳諧の詩学』（岩波書店）をご参照たまわりたい。

そしてもう一つのやり方は、俳句を他の日本語の詩と比べてみることだ。（中略）

そもそもたった十七文字では、何かをありありと描写することも、くわしく議論することも、面白く物語ることもできない。そんな余地はどこにもない。では俳句の読者は、なぜこれほど極端に少ないことばのかけらから、何か深い意味を読み取ることができるのか。

それは俳句がことばの花火をしかけ、読者の頭のなかでそれがはじけるからだ。十七字というスペースは、ごく限られているので、少ないことば数で豊かな暗示を与える必要がある。読者の想像を掻《か》き立て考えさせて、深い余韻を残すための強力なことばのヒント、表現の刺激が不可欠だ。

それでは刺激とは何か。それは読者の強い関心を誘うような、新鮮なことば遣いであり、ことば続きの斬新さ、言い換えれば意外性だ。ふだん聞きなれない、どこか風変わりな、だが面白い、心惹《こころひ》かれるような表現――聞いてすぐ頭を素通りせず、いつまでも気になって心に残る言い方であり、これはいったいどういう意味だろうかと読者に何度も考えさせる表現、いわば想像力の起爆剤である。

こんなに短い詩に使える有効な表現の手段は、これ以外にあり得ない。ふつうのことをただふつうに言ったのでは、(そのことでかえって、何か特殊な効果を狙うのでもない限り)詩にならない。たとえその裏にどれほどの真実があろうとも、どれほどの感動がこめられていようとも、平凡なことばでは、読者の興味を掻き立てることができない。聞きなれた、慣れっこになったことばは少しも注意をひかず、たちまち聞き流されてしまうだけだ。

一般に西洋の文学、少なくとも近代以前の文学は、言うべきことを確かにことばで言い表わすこと、すべてをはっきり、ずばりと言い切ることに命がかかっていた。詩も程度こそ違え、おおむねその通りだ。それに対して日本の詩――和歌や俳句、漢詩は、わざと言い切らないこと、暗示すること、言い換えれば、わざと多くの余白を残して読者の想像力を掻き立てることを旨とした。

俳句はその読み取りに際して、読者の積極的な協力を促す――というよりも、初めから読者の参加（余白を自分で埋めること）を期待し、それをあらかじめ計算に入れた芸術のジャンルだと言えるだろう。実は漢詩や和歌を初め、水墨画なども多かれ少なかれ、そのような性格をもっている。だが俳句は極端に短いために、暗示性、余白の重要性がことに目立つのだ。

芭蕉の有名なことば、「いひおほせて何かある」――何かをうまく言い尽くしたからといって、それがどうしたというのは、この点を指している。読者は作者とともに「詩」を作るのだ。そうした芸術作品には正解、つまり解釈の決定版はない。同じ作品でも読者が若いとき、年老いたとき、幸せなとき、不幸なとき、経験や成長の度合いに応じて、そのつどそのつど、あらたな読みが行われるのが当然だ。

（川本皓嗣「十七字で言えること」『図書』第八五二号による。原文を改めた箇所がある。）

## 課題の解説

**課題文は、俳句の短さを強調したうえで、俳句などの日本の詩と西洋の文学との違いを論じています。**

ポイントは、西洋の文学が「言うべきことを確かにことばで言い表わすこと、すべてをはっきり、ずばりと言い切ること」を重視しているのに対し、「俳句はその読み取りに際して、初めから読者の参加（余白を自分で埋めること）を期待し、それをあらかじめ計算に入れた芸術のジャンル」というところでしょう。

「読者は作者とともに『詩』を作る」ともあるように、**日本の詩は、読者の想像が加わることではじめて完成する**というわけです。

課題文では、それを俳句などの日本の詩の特徴として説明していますが、現代文学や現代芸術の中にも、そうした特徴をもつ作品が多いといえます。

西洋の近代小説は、対象の心理や状況、風景などを細部までくわしく描写し、それによってひとつの世界を構築していました。

**近代のリアリズム絵画も、基本的には、対象をリアルに描写することで、見えるものを再現することを目指していました。**

それに対し、**現代の文学や絵画では、俳句と同様「表現の刺激」や意外性を重視し、ひとつの世界を提示するというよりも、言葉や世界の断片を提示して、読者に自由な想像・解釈の余地を残す、むしろ読者の想像によってはじめて完成するようなタイプの作品が主流**といっていいでしょう。

そういった現代の文学・芸術のあり方も踏まえて考えると、論じやすいはずです。

### 攻略のポイント

第1部で筆者の考える「芸術作品」の「解釈」とは何かをまとめ、それが正しいかどうかを問題提起するといいでしょう。

筆者の主張は、「芸術作品の解釈とは、作者が提示するメッセージを読み解くことではなく、受け手が自由に想像して作品をつくり上げることだ」ということです。

それに対してイエスの立場で書くなら、

「芸術作品は、それだけではたんなる物であって、芸術にはならない。受け手がそれを解釈して意味を与えることで、はじめて芸術になる」

「すぐれた芸術作品は、さまざまな自由な解釈を許す。それによって、作者のメッッセージを超えて、時代や社会を超えて受け入れられる作品になる」

などと論じられます。

ノーで書くとすれば、

「芸術作品は、あくまでも作者がつくり上げるものであるべきだ。それでこそ、時代に左右されない、偉大な作品になる」

「受け手が感動するのは、作品自体に含まれている作者のメッセージに対してだ。芸術作品の解釈とは、それを正しく受け取るための技法であるべきだ」

「作品自体に芸術的価値があるからこそ、解釈をする意味もある。読者の解釈によって作品の価値が左右されることがあってはならない」

などが考えられます。

もちろん、俳句など日本の芸術について論じてもいいですが、芸術全般について考えるほうが論じやすいはずです。

どちらにしても、「芸術とは何か」について自分なりの考えを明らかにしたうえで論じる必要があるでしょう。

## 模範解答例（その1、イエスの立場）

# 芸術作品は、受け手の創造的な解釈によってはじめて成立する

筆者の考える「芸術作品」の「解釈」とは、たんに受け手が作者のメッセージを読み解くことではなく、「受け手が作品の創造に参加し、作者とともに作品をつくり上げることだ」という行為を指している。それでは、そうした筆者の考え方は正しいのだろうか。

確かに、作者のいない芸術作品は、そもそも存在しない。芸術作品は、作者の手によってはじめて形を成すものだ。その意味では、作品の作者と受け手とを同列に考えることは無理があるだろう。しかし、たとえそうだとしても、「解釈」を創造的な行為と捉える筆者の考え方は正しいと考える。

芸術作品といっても、物理的にはたんなる物にすぎない。誰も見る人や読む人がいなければ、芸術にはならない。受け手は、たんなる物である何かを芸術として捉え、それに創造的な解釈を通じて意味を与える。そうすることで、はじめて芸術作品になるのである。俳句のような、最初から読者の参加を意図した芸術に限らず、近代西洋の芸術作品もそれは同じだ。見る者が時代や社会状況に合わせて解釈をし、独自の意味を与え、芸術的な価値を認めてこそ、偉大な芸術作品として現代まで認められてきたのだ。

したがって、私は芸術作品の解釈を創造的行為とみなす筆者の考えは正しいと考える。

模範解答例（その2、イエスの立場）

## 芸術作品の価値は、多様な解釈を許すことにある

筆者の考えでは、「芸術作品」は、受け手が創造的な「解釈」をしてともに作品をつくり上げることではじめて成り立つことになる。はたして、そうした「解釈」の捉え方は正しいといえるのだろうか。

確かに、作品自体に芸術的な価値があるからこそ、解釈をする意味もあるのかもしれない。だとすれば、「解釈」とはその価値を正しく受け止める行為にすぎず、それほど大きな役割を認めるべきではない、という考え方もあるだろう。しかし、私は、「解釈」という行為に、筆者のような大きな役割を認めるべきだと考える。

すぐれた芸術作品が時代を超えて受け入れられるのは、それが作者のメッセージを超えて、さまざまな自由な解釈を許すからだ。作者のメッセージを正しく受け取れば十分なのであれば、パズルを解くのと同じで、一回読むか鑑賞するだけで十分なはずだ。偉大な芸術作品は、何回でも再読や再鑑賞をしたくなるし、時代や社会を超えて読み継がれ、観られ続ける。それは、作者の意図にかかわらず、時代や社会、その人の状況などに応じて、多様な解釈を許し、またそのつど新たな価値とメッセージをもたらしてくれるものだからだ。

したがって、私は芸術作品の解釈とは、筆者の言うように、創造的な行為であると考える。

## 模範解答例（その3、ノーの立場）

## 芸術作品の価値は、解釈に左右されない普遍性にある

筆者は、「芸術作品」の「解釈」とは、受け手も作品の創造に参加することだと考えている。はたして、「芸術作品」の「解釈」に関するそのような見方は正しいといえるのか。

確かに、芸術は、それを鑑賞する者がいないと成り立たない面はあるかもしれない。作品のメッセージも、それを受け取る者がいなければ意味がない。また、俳句のように、最初から読者の積極的な参加を意図してつくられている芸術も存在する。しかし、だからといって、芸術作品の「解釈」一般を創造行為とみなすのは正しいとはいえない。

作品の「解釈」を創造行為とみなすと、解釈次第で作品の価値が上がったり下がったりすることになりかねない。古代ギリシャの劇作品がいまでも私たちを感動させるのは、そこに人間の普遍的な姿を見てとるからだ。それは決して時代や社会によって左右されるものではなく、むしろ時代や社会の違いを超えているからこそ、芸術作品としての価値がある。そして、作品自体に芸術的価値があるからこそ、受け手がそれを「解釈」して、その価値を正しく読み取る意味も出てくるのだ。読者の解釈によって作品の価値が左右されることがあってはならない。

したがって、私は「解釈」を作品の創造行為と同一視するような考え方は正しいとはいえないと考える。

4 文学・芸術

## 悪い解答例

筆者の考えでは、「芸術作品」の「解釈」とは、受け手も作品の創造に参加することだということになる。はたして、そうした考え方は正しいのだろうか。

確かに、ふつうの人が芸術作品を鑑賞するときは、「色合いが美しいな」「自然の壮大さがよく伝わってくるな」などとぼんやりと考えるだけで、それを「解釈」しようとすることはほとんどない。むしろ、専門家の「解釈」を通して作品を理解しようとすることがほとんどだろう。「解釈」は研究者の役割であって、一般の人はそこまでする必要はないというわけだ。しかし、はたしてそうした考えは正しいのだろうか。

芸術は、研究者や一部のマニアのためのものではない。誰でも、作品について自由に「解釈」をして、批評をすることができるはずだ。どんなに芸術史上評価の高い作品であっても、自分にとってつまらなければつまらない作品だし、ほとんど知られていない作品でも、自分にとって価値があれば大きな価値のある作品となる。そうした評価は受け手の「解釈」次第であって、一部の専門家の「解釈」によって決められるべきものではない。一人ひとりによって作品の「解釈」が異なるのはむしろ自然なことなのだ。

したがって、私は「芸術作品」の「解釈」についての筆者の考え方は正しいと考える。

## 樋口先生のコメント



**POINT 1**

論点がズレている。「芸術作品」の「解釈」は専門家の役割かどうかが問われているわけではない。イエスの立場で書くなら、反対意見は、芸術作品において受け手の「解釈」の役割を強調するような考え方の問題点などを考えるといい。

**POINT 2**

反語表現なのはわかるが、これだと問題提起をくり返しているだけになってしまう。「しかし……」の部分では、問題提起に対する自分の立場（イエスかノーか）をもっと明確に示すこと。

**POINT 3**

「芸術作品の評価は個々の受け手次第」というだけの話になってしまっている。筆者の言う「解釈」というのは、そういうレベルの話ではなく、「受け手の解釈も芸術作品の創造行為の一部」ということ。したがって、イエス・ノーのどちらにしても、芸術のあり方についてもっと深く考えたうえで論じる必要がある。

# 5 大学・学問

大学で学ぶ意味や、志望学部の学問を学ぶことの意義などが問われることがあります。

とくに人文系の場合、「社会（就職）に直接役立たない」とされることも多いので、そうした問い直しが小論文のテーマになることが増えています。

社会が大学に求める役割も、大きく変化しました。それに伴い、大学や学問のあり方も、近年、大きく変わりつつあります。

大学一般や学問一般だけでなく、自分が志望する学部・学科の専門を学ぶ意味や、それが社会にどう貢献するかについて、自分なりにしっかりと考えておくことが大切です。

テーマの解説

大学の意味と役割が、近年変わってきています。

**かつては、大学はごく一部のエリートを養成するための機関**でした。進学率も低く、大卒者は官僚や企業家など、社会をリードする役割を担う人材となることを期待されていました。

戦後、大学進学率が上がり、大学に行くことはそれほど珍しいことではなくなります。大学時代は、若者が社会に出る前の一時的なモラトリアム（猶予）期間とされ、自由な時間を使って自分の好きなことをしたり、将来のことをゆっくり考えたりする期間と考えられるようになりました。

２００９年以降は、大学進学率もほぼ5割を超え、大卒者のほうが多い社会になりました。

そうなると、今度は「就職に直接役立つ勉強をしたい」という学生が増え、**大学に就職予備校としての役割を求める人も多くなっています**。

その一方で、大学と社会との関係も問い直されつつあります。

かつての大学は、一般社会から遊離した、一部のエリートのための場所でしたが、大卒者が社会の主流となった現在では、それでは通用しません。**理系はもちろん、文系の学部**

も、教育・研究を通して社会にいかに貢献できるかが問われるようになってきています。

その意味で、近年注目されているのが、リベラルアーツ教育です。

リベラルアーツは、よく「一般教養」と訳されますが、簡単にいうと、社会の中で役に立つ問題発見・問題解決の能力を養うものです。

これまでの日本では、大学で学んだ知識や学問は、一部の専門職以外、社会に出ると役に立たないのがふつうでした。いくら専門分野の知識を増やしても、一般企業に就職する大半の卒業生にとっては、あまり使いどころがないでしょう。

しかし、複雑化する現代社会では、一般人でも「答えのない問い」にぶつかる場面が増えています。そのときに役に立つのは、特定の分野の専門知識ではなく、物事を多角的に捉えて総合的に判断できる実践的な思考力、すなわち「教養」です。

いまの大学では、そうした意味での「教養」を身につけるための教育の重要性が、見直されてきています。

また、そうした大学のあり方の変化と並行して、学問の意義や役割も変わってきています。

近代の学問は、専門分化が進むに従ってどんどん高度になっていきましたが、同時に学問の世界全体を見渡すような知性は生まれにくくなりました。たとえば、同じ物理学や経済学でも、専門が違えばまったく話が通じない、といったことが当たり前になっています。そうなると、いくら高度な知識をもっていても、それを社会の問題にどう活かすべきか、複雑化する現代の課題にどう対応すべきかが考えられなくなってしまいます。

そこで、**現在では、複数の専門領域を横断して研究成果を総合しようとする「学際化」の動きが盛んになっています。**

**近年、大学の新設学部に「総合」と名の付く学部が増えていますが、そこにはそうした学際的な研究を目指すという理念が反映されています。**

このように、学問の世界でも、ネットワーク化が進んでいるのが現状です。

## 課題

次の文章の著者は大学の知が「役に立つ」ことの意味を論じています。著者の見解をまとめたうえで、文系学部で学ぶ意義に関するあなたの考えを600字以内で述べなさい。

（愛媛大学・法文学部・人文社会学科　2018年　設問一部改変）

大学の知が「役に立つ」のは、必ずしも国家や産業に対してだけとは限りません。神に対して役に立つこと、人に対して役に立つこと、そして地球社会の未来に対して役に立つこと——。大学の知が向けられるべき宛先にはいくつものレベルの違いがあり、その時々の政権や国家権力、近代的市民社会といった臨界を超えています。

そしてこの多層性は、時間的なスパンの違いも含んでいます。文系の知にとって、三年、五年ですぐに役に立つことは難しいかもしれません。しかし、三〇年、五〇年の中長期的スパンでならば、工学系よりも人文社会系の知のほうが役に立つ可能性が大です。ですから、「人文社会系の知は役に立たないけれども大切」という議論ではなく、「人文社会系は長期的にとても役に立つから価値がある」という議論が必要なのです。

そのためには、「役に立つ」とはどういうことかを深く考えなければなりません。概していえば、「役に立つ」ことには二つの次元があります。一つ目は、目的がすでに設定されていて、その目的を実現するために最も優れた方法を見つけていく目的遂行型です。これは、どちらかというと理系的な知で、文系は苦手です。たとえば、東京と大阪を行き来するために、どのような技術を組み合わせれば最も速く行けるのかを考え、開発されたのが新幹線でした。また最近では、情報工学で、より効率的なビッグデータの処理や言語検索のシステムが開発されています。いずれも目的は所与で、その目的の達成に「役に立つ」成果を挙げます。文系の知にこうした目に見える成果の達成は難しいでしょう。

しかし、「役に立つ」ことには、実はもう一つの次元があります。たとえば本人はどうしていいかわからないでいるのだけれども、友人や教師の言ってくれた一言によってインスピレーションが生まれ、厄介だと思っていた問題が一挙に解決に向かうようなときがあります。この場合、何が目的か最初はわかっていないのですが、その友人や教師の一言が、向かうべき方向、いわば目的や価値の軸を発見させてくれるのです。このようにして、「役に立つ」ための価値や目的自体を創造することを価値創造型と呼んでおきたいと思います。これは、役に立つと社会が考える価値軸そのものを再考したり、新たに創造したりする実践です。文系が「役に立つ」のは、多くの場合、この後者の意味においてです。

（中略）

つまり、目的遂行型ないしは手段的有用性としての「役に立つ」は、与えられた目的に対してしか役に立つことができません。もし目的や価値の軸そのものが変わってしまったならば、「役に立つ」と思って出した解も、もはや価値がないということになります。そして実際、こうしたことは、長い時間のなかでは必ず起こることなのです。

価値の軸は、決して不変ではありません。数十年単位で歴史を見れば、当然、価値の尺度が変化してきたのがわかります。たとえば、一九六〇年代と現在では、価値軸がすっかり違います。一九六四年の東京オリンピックが催されたころは、より速く、より高く、より強くといった右肩上がりの価値軸が当たり前でしたから、その軸にあった「役に立つ」ことが求められていました。新幹線も首都高速道路も、そのような価値軸からすれば追い求めるべき「未来」でした。超高層ビルから湾岸開発まで、成長期の東京はそうした価値を追い求め続けました。ところが二〇〇〇年代以降、私たちは、もう少し違う価値観を持ち始めています。末長く使えるとか、リサイクルできるとか、ゆっくり、愉快に、時間をかけて役に立つことが見直されています。価値の軸が変わってきたのです。

出典　吉見俊哉『「文系学部廃止」の衝撃』集英社新書、二〇一六年

## 課題の解説

課題文の出典は『「文系学部廃止」の衝撃』という本ですが、この本が出版された背景には、当時（２０１５年）文科省から出された一件の通知があります。

そこでは、大学の教育系・人文社会学部系の学部について、「18歳人口の減少や人材需要、教育研究水準の確保、国立大学としての役割等を踏まえた組織見直し計画を策定し、組織の廃止や社会的要請の高い分野への転換に積極的に取り組むよう努める」と述べられています。

「社会的要請の高い分野への転換」とありますが、逆にいえば、**文系学部が扱っている学問分野は「社会的要請が高くない＝社会の役に立たない」と見られていた**わけです。

これが当時、「文系学部は社会の役に立たないから廃止しろ」という考え方と受け止められて、議論の的になりました。

では、「役に立つ」というのはどういうことか。それを問いかけたのが、課題文の内容です。

筆者は、**文系の学問の意義は、与えられた目的の「役に立つ」ことではなく、むし**

**ろ「『役に立つ』ための価値や目的自体を創造する」ことにある**といっています。

たとえば、「より速く目的地に移動する」「より効率的に情報を処理する」といった目的のために役に立つのは、文系の学問ではなく、工学や情報工学でしょう。

しかし、社会の価値観が変わって、「より速く、より効率的に」が求められなくなれば、それまでの工学や情報工学は役に立たなくなります。

そこで、**「人間や社会はどうあるべきか」を考え、価値観の問い直しや新たな目的の創造を行うのが文系の学問だ**、というわけです。

## 攻略のポイント

筆者は、大学の知が「役に立つ」ことについて、「目的遂行型」と「価値創造型」という2つのタイプを区別したうえで、文系の学問にふさわしいのは、後者の「『役に立つ』ための価値や目的自体を創造する」ことだと述べています。

設問では、「文系学部で学ぶ意義」についての意見が求められているので、そうした筆者の考えが正しいかどうかを問題提起するといいでしょう。

ただし、これにノーというのは難しいので、基本的には、イエスで答えたうえで、

第3部でもう少し掘り下げる書き方にするといいはずです。

筆者の考えを補い、掘り下げる形で論じるのもいいし、人文系の特定の学問分野を例にあげて、それらを学ぶことの意義を具体的に説明するのもいいでしょう。たとえば、文学部であれば、文学を学ぶ意義を自分なりに考えてしっかりと示すことができれば、十分説得力のある内容になります。

あえてノーで書くとすれば、文系の学問も近年は理系の手法を取り入れて、客観的なデータに基づいて研究されることが増えているので、そうした状況を踏まえて論じるといいはずです。

いずれにしても、「私にとってはこういう意義がある」などのように、個人レベルの話をしても小論文にはならないので、その点は気をつけましょう。

## 模範解答例（その1、イエスの立場）

# 従来の価値観を疑い、新たな価値観について考えるきっかけになる

筆者は、理系の知は与えられた目的に対して「役に立つ」が、文系の知はそうした目的や価値そのものを創造するところに意義がある、と論じている。それでは、文系の学問の意義についてのそうした筆者の見解は正しいといえるのだろうか。

確かに、理系の学問も、基礎研究の分野は決してすぐに役立つものではないだろう。新しい物理理論が発見されれば、それによって世界の見方が変わり、新しい価値観の創造につながるといったこともありうるはずだ。しかし、理系の場合、そうしたことは例外的であるのに対し、文系の学問においては本質的だと考える。

理系の場合、たとえば「より速く移動するには」「より効率的に情報を処理するには」といった社会の目的があらかじめあって、それをいかに達成するかが学問的な価値になることが多い。だが、現代では、社会が変化し、「より速く」「より効率的に」といった価値が必ずしもすべてではないと考えられるようになっている。そうしたときに、文系の学問は、そうしたこれまでの価値観を疑い、別の新たな価値の可能性について考えるきっかけを与えることができる。それこそが、文系学問を学ぶ意義であって、長い目で見て「役に立つ」のである。

したがって、私は文系の学問を学ぶ意義についての筆者の見解に同意する。

## 模範解答例（その2、イエスの立場）

# 自分の生き方や社会のあり方を問い直すきっかけになる

筆者は、大学の知が「役に立つ」ことについて「目的遂行型」「価値創造型」の二つのタイプを区別し、文系の学問を学ぶことの意義は後者、つまり『役に立つ』ための価値や目的自体を創造する」ことにあると述べている。筆者の見解は正しいのだろうか。

確かに、文系の学問の中にも、社会に直接役立つ面はある。経済学は経済政策を考えるのに役立つだろうし、心理学などは人間の心理を扱うので、たとえば人間関係を改善する役に立つかもしれない。しかし、基本的には、筆者の言うように、文系で学ぶことの意義は、社会に直接役立つことよりも、価値や目的自体の創造にあると私は考える。

たとえば、文学について深く学んでも、人々の生活や社会を便利にすることはできない。だが、すぐれた文学作品は、それまでよく知られていなかった人間の心理や社会の問題を抉り出し、それに言葉を与え、社会に問いかけることがある。人間の生きる意味を問い直し、それに新たな意味を与えようとする作品も多い。それらを研究し、作者の洞察を明らかにすることで、既成の価値観を疑い、自分の生き方や人間性の価値、社会のあり方を問い直すこともできるだろう。そうしたことが可能なのは、文系の学問だけであって、そこに文系の学問の存在意義があるのだ。

よって、文系の学問の意義は価値や目的自体の創造にあるとする筆者の見解に賛成する。

## 模範解答例（その3、ノーの立場）

# 文系であっても客観的な検証に耐える研究であるべき

筆者によれば、文系学問は直接社会の役に立つよりも、「役に立つ」ための価値や目的自体を創造することに意義がある。そうした筆者の考え方は正しいのだろうか。

確かに、文系の学問の多くは、工学や医学などと同じような意味で、直接社会の役に立つわけではない。社会の目的が、「より速く」「より効率的に」といったことだけであれば、文系の学問は直接役には立たないし、役に立つ必要もないかもしれない。それよりも、そうした社会の目的や価値を変えること自体に意義がある、という見方も間違いではない。しかし、だからといって、文系学問を学ぶ意義はそれだけとはいえない。

大学は、研究機関であると同時に教育機関でもある。たとえ文系の学問であっても、理系とは違った形であれ、社会の役に立つ必要があるはずだ。たとえば、近年は、心理学や社会学も理系の手法が使われ、多くのデータを使って客観的な検証が必要なものになってきている。そのように、文系といっても、客観的な根拠に基づいた研究が重視されるようになってきているのだ。そうなれば、文系学問も理系の学問と連携して、もっと現代人や現代社会の問題の解決に直接貢献できるようになるはずだ。そうでなければ、文系学部で学ぶ意義はないといわれても、やむをえないだろう。

以上のように、私は文系学部で学ぶ意義についての筆者の見解に反対である。

## 悪い解答例

課題文の筆者は、大学の知は必ずしも社会の役に立つ必要はないと論じている。はたして、そうした考えは正しいといえるだろうか。

確かに、理系の学問は別かもしれないが、文学や芸術について学んでも、社会人になって役に立つことはあまりないだろう。会社員になって、文学や芸術についての知識を活かせるような機会があるとは考えにくい。それでは、四年間大学で学ぶ意味はない、と考える人もいるかもしれない。しかし、私は、必ずしもそうは考えない。

文学や芸術は、人の心を豊かにする。いま日本社会は、ゆとりを失って、余裕のない生活を送っている人がたくさんいる。私自身、受験勉強に追われ、なかなか自分の自由な時間をつくれなかったこともあって、目の前のこと以外に目を向ける余裕を失ってしまっていることを感じている。だが、それだからこそ、文学や芸術が必要なのだ。文学や芸術を学ぶことは、社会の役には立たないかもしれないが、それらに親しむことで、心にゆとりができ、もっと人生や社会について考える余裕も生まれるだろう。少なくとも、私にとっては、文学や芸術を学ぶことにはそうした意義がある。

したがって、私も大学の知は必ずしも社会の役に立つ必要はないと考える。

POINT 1

課題文を誤読している。筆者が言っているのは、文系の知と理系の知とでは「役に立つ」の意味が違う、ということ。その点をまず理解しないと、課題の意図とはかみ合わない。

POINT 2

たんに「文系の知は社会に出ても役に立たない」と言っているだけで、課題の意図とも問題提起ともかみ合っていない。課題文の読解がズレているため、論の方向もどんどんズレていってしまっている。

POINT 3

「私にとってはこういう意義がある」と述べているだけで、結局は個人の感想レベルになってしまった。そうではなく、現代社会において「文系学部で学ぶ意義」、つまり文系の知の役割や存在意義などを、もっと正面から、論理的に考える必要がある。

# 6 コミュニケーション

何らかの形でコミュニケーションをテーマとした出題が、近年、幅広い学部で増えています。

といっても、どういう意図で出題されるかは、学部や学科によって異なります。

教育系では子どもの問題との関わりで出題されることが多く、情報系ではやはりSNSなどのメディアとの関わりで問われることが多いようです。

ただ、どの場合も、文化や価値観が多様化して、かつてよりもコミュニケーションの重要性が増している現状が前提にあります。

したがって、その点については、しっかりと理解しておくことが必要です。

テーマの解説

**現代ほど、コミュニケーションの重要性が叫ばれる時代はない**でしょう。

その一方で、「コミュ障」という言葉がカジュアルに使われるほど、**コミュニケーションをめぐる悩みを多くの人が抱えているのも、現代日本の特徴**です。

この2つは、同じ状況の表と裏とも考えられます。

**コミュニケーションの経験を積むことは、人が健全に成長していくうえで大切**なことです。

最初は家族から始まって、学校の同級生、教師など家族以外の大人、社会人になってからは世代も立場も異なるさまざまな人たちとコミュニケーションをとる必要があります。

そうした経験を積み重ねることで、**人は自分がどんな人間か、社会の中でどんな役割を担うことができるのかを自覚していきます**。

ところが、現代では、そうした経験を積むことが難しい状況があります。

インターネットの普及によって、対面コミュニケーションを強いられることが少なくなりました。また、少子化や地域社会の解体などによって、同世代以外の人と交流する機会も減っています。

つまり、**成長のためのコミュニケーションをする機会そのものが減っている**わけです。

もともと、日本人には、「コミュ障」と呼ばれる人が多いといわれています。**「コミュ障」は「コミュニケーション障害」の略語ですが、通常は「他人と話すのが苦手」「他人となるべく関わりたくない」といった傾向を指す俗語**です。**日本は同質性が高く、「空気を読む」ことがつねに求められる社会なので、そうしたスキルをもたない人にとっては、とても生きづらい社会**といえます。ネット社会化は、そうした傾向にさらに拍車を掛けているともいえるでしょう。

その一方で、**コミュニケーション能力の必要性は以前よりも増しています**。

現代は、グローバル化や情報化が進んで、価値観が多様化しています。

そのため、かつてのように「空気を読む」だけで話が通じる社会ではなくなってきています。その分、従来の意味でのコミュニケーションの成り立ちにくい社会になっているともいえます。

企業でも、「ダイバーシティ」といって、多様な人材（外国人、障害者、高齢者など）を活用することが求められています。今後は移民も増え、自治体や企業レベルでの多文化共生への取り組みも本格化していくはずです。

そうした中で、同僚やクラスメートから文化の異なる移民まで、さまざまなレベルでの誤解やすれ違い、衝突、トラブルが、いままで以上に問題になるはずです。

それを乗り越えるためにも、**たんに「空気を読む」のではなく、コミュニケーションのあり方を問い直し、相互理解を進めることが必要になってくる**でしょう。

## 課題

以下の〈資料〉は、新谷和代著『地域活動のススメ　すべての世代がひとつになれる、とっておきの方法』（幻冬舎ルネッサンス新書、2019年）の一部である（ただし、出題にあたり原文の一部を変えている）。

傍線部について、資料を参考にしながら自分の体験を踏まえて、あなたの考えを600字以内で記述しなさい。

（福島大学・人文社会学部・人間—特別支援・生活科学科　2020年度　設問一部改変）

〈資料〉
**ネットに囲まれた私たちの生活—コミュニケーションとネット環境**
いわゆる人は、相互に協力しあいながら集団生活を営む生き物であり、他者と体を張って戦い縄張りを争うよりも、お互いの違いを自分にはないものとして認め合うことで、地球上のどの生き物よりも進化を遂げてきた。そして、そのような豊かな人の社会生活を成り立たせているのは、高度でバリエーションも豊富な他者とのコミュニケーションであり、情報を交換したり、協力し合ったりする際には欠かせない。

近年、この他者とのコミュニケーションは、その人と会ったり話したりして行う直接のコミュニケーションよりも、文字や画像をやり取りして間接的に行うネットのコミュニケーションが増えてきている。ネットは場所も時間も選ばないので、何かを伝えたい時にはすぐに連絡して気軽にやりとりをすることができる。またネットを使う主な機器としてのスマートフォンは、小中学生は全体の3分の2、高校生ではほぼ全員が所持しており（内閣府、2018）、大人から子どもまで幅広い年代の人々が日常的にネットを使う世の中となった。このようにネットは、情報検索、ゲーム、音楽や映像配信など、気晴らしや娯楽としては最良のツールであり、私たちを瞬く間に遠くの見知らぬ人や、まだ見ぬ世界の情報とつなげ、その人と会話したり、遊んだり、情報を取り入れさせてくれる。そうやって私たちは、ネットを通して自分とは異なる価値観に出会い、新しい生き方を学ぶきっかけにもなっている。

しかし、このように、私たちの生活に恩恵をもたらしているネットは、困った面も持ち合わせている。例えば知らず知らずのうちに集団心理が働いて、他者に流されやすいのもネットの特徴である。社会心理学で言うところの「傍観者効果」が働き、「誰かがするだろう」と誰も反応しなかったり、逆に気持ちが相互に高まり合って、過剰に反応してしまう可能性がある。ネットの中で起こる軋轢《あつれき》や衝突、フェイクニュース、そしていじめは、人を苦しめたり人を経済的に困窮させたりして、心の病に陥れたり犯罪に手を染めさせてしまうことさえもある。よくよく履歴をたどっていけば、何が本当で何が矛盾点なのかを見つけることができるはずであるが、ネットは大量の情報を一度にそれも迅速に次々に流していくので、情報の渦に巻き込まれると後戻りをすることが難しく、結局情報に流されるままになってしまうことがある。また、うっかり相手からの問いかけに返事をせず、情報の波に乗り遅れようものなら、いわゆるネット住民から「ノリの悪い人」として非難され、最も厄介なことには非難が非難を呼び、いわゆる「炎上」の対象となってしまうこともある。

そのような面倒なことが多いならば、いっそすべてのネット環境から遠ざかってしまえばよいとも考えられるが、昨今ではそれがなかなか困難である。というのは、ネットによるコミュニケーションは子どもから大人にまで深く浸透しており、それを避けて生活することは、日常生活における他者とのコミュニケーションのレベルの低下を意味し、場合によってはコミュニケーションの断絶にもなりかねないからである。つまり、ネットでのコミュニケーションは、円滑に行われればその恩恵に浴することができるが、うっかり使い方を間違えてしまえば、他者を傷つけたり逆に傷つけられたりして自身が深いダメージを受けるリスクもある、諸刃の剣のようなものである。

### 「直接的なコミュニケーション」体験の必要性とその驚くべき詳細

私たちは大人になればたいていは、まずまずのレベルでコミュニケーションを行えるようになっている。では、どの機会によりそのスキルを学んでいるのだろうか。それはやはり、人は昔からそうであるように、他者と直接会って行うコミュニケーションの経験に勝るものはないと考えられる。表情や声、身振り手振りを複雑に使った直接のコミュニケーションのインパクトや情報量の影響力は、どんなにネットでのコミュニケーションが文字や絵文字、スタンプ、映像などを豊富に使って行われようとも、それを上回ることができない。逆に言えば、そのように豊富な情報量を他者に与えるネットのコミュニケーションは、単純で扱いが簡単であることも持ち合わせているがゆえに、前述したように時として誤解を受けたり、集団を思わぬ方向に導くことにもなりやすいのである。

しかし、そのように伝わる内容が質量ともに豊かである直接のコミュニケーションは、複雑であるがゆえに、自分が相手に向かって表現したことを相手がどう受け止めるか、また相手から自分に表現されることを自分はどう受け止め解釈するかについて、小さな決定と小さな検証が時間の流れの中で連続して発生し、さらに相手も自分と同じことをしているわけで、そのような相互作用の面からも、人はコミュニケーションの能力において、つくづく高度な進化を遂げてきたものだと思われる。例えば、日常のコミュニケーションでは、まずコミュニケーションを開始するにあたり、相手がどのような独自の考えを持っているのか、自分と共通する考えはどの部分なのか、今は自分と同じよい気分でコミュニケーションを始めようとしているのか、何を到達点と考えながら話を進めていこうとしているのかなどについて、とりあえず見定めることが必要である。そして、コミュニケーションが開始され、相手と同じ空間や時間の中でやり取りをしていき、相手についての情報量がだんだんと増えていく中で、自分が最初に持っていた相手に対する仮説的な考えに対する検証が行われる。そして、その検証結果に応じて、自分の言葉の内容や伝え方が変化していく。つまり、直接のコミュニケーションは、始まりはだいたいが不明だったりする相手の気持ちを、言葉の内容や、身振り手振り、声の高低やスピード、目の開き具合や瞳の動き、口元の上がり具合、顔色や顔の傾け方、立ち方や座り方などを観察しながら必要な情報を取り込んだり、自分でも発言したりしながら、それらの行為の反応を記憶にとどめながら変化を追い、お互いが行き着く結論や終結がどこなのかを、お互いが探りながら進めていくものであると思われる。また、年齢や立場、同性か異性かにより敬語や丁寧語の使い分けが加わることもある。

以上のコミュニケーションの手続きを考えると、「人とのコミュニケーションが苦手」と思う人は、やはり直接会って人と話すことは面倒だし、とても自分にできるとは思えない、ネットの方が気軽だと考えてしまうかもしれないだろう。しかし、実は人は、コミュニケーションの流れの中で、以上の項目を逐一頭で考え、自分の行動を意図的に操作しながらコミュニケーションを進めているわけではなく、上記の手続きのかなりの部分を省きながら、コミュニケーションを行っていると考えられるのである。そうでなければ、このような複雑な検証やそれに対する行動の変化は、コミュニケーションのリズムや流れを逆に阻害してしまうであろう。コミュニケーションには、そのようなよい気分や心地よい調子が順調に流れていることが大切であり、それにより相手との一体感が感じられることで、さらにコミュニケーションが深まっていくのである。

では、その省略は、どのように行われているのであろうか。それにはまず人は、「たいていは、他者は良い人である」「たいていは自分の意見を遠慮なく言っても、受け止めてもらえる」という「信頼感」を持っていることが大切なのである。このような信頼の下で行われるコミュニケーションでは、「お互いの意見の丁寧な確認は必要ないよね」という了解の下、会話の省略がテンポよく行われたり、逆にあえてゆっくりと念押しの確認をして他者と一体感を感じたりしながら、コミュニケーションが順調に進められていく。また、コミュニケーションの中では小さな食い違いや誤解は付き物であるが、しっかりした信頼関係の中で行われるコミュニケーションでは、それを思い切って弁明し、許し合うことができる。ここで、「思い切って」と述べた弁明の関係修復作業は、円滑なコミュニケーションにとって非常に大切なところである。つまり、その修正希望には、「私の弁明のために、あなたとの貴重なお時間を割いてしまってすみません。でも、あなたとの信頼関係を一点も曇らせたくないのです。その私の気持ちをどうか受け取ってください」というメッセージが含まれており、それを許す側との間に、更なる信頼関係が結ばれることがある。そのようなコミュニケーションの細かい修復作業や確認作業と、逆に省略してよいところがやり取りの中でうまくはまっていくと、コミュニケーションは心地よい体験となり、終結も納得のいくものとなる。こうやって書き記してみると、我々は普段、かなりややこしい形のコミュニケーションを暗黙の裡《うち》にわりと平気で行っていることがわかる。

**コミュニケーションスキルの習得は乳児期から始まっている**

さて、以上のように、コミュニケーションのスキルは、私たちの生活を豊かにしてくれる欠かせないものであるが、そのようなスキルの習得は、小さな赤ちゃんの頃からのコミュニケーションの積み重ねから始まっていると思われる。

まず、乳児期の赤ちゃんには既に、授乳時やあやしかけなど、コミュニケーションの原型とも思われる、養育者との間にゆっくりとした、一定のリズムを保つシンプルな関わり合いが生じている。そして生後3カ月も過ぎると、そのような関わり合いは、赤ちゃんからも積極的に開始されるようになる。例えば、親が赤ちゃんのほほをつついた時に赤ちゃんがニッと笑うと、親は嬉しくなってまたほほをつつく。そうすると赤ちゃんがまたニッと笑う。親がやめようとすると、赤ちゃんが催促するように声を出す。親はその声に反応し、またほほをつつく。すると赤ちゃんは大きな声で笑い、親が自分の要求に応じてくれたことに、形を変えて「返礼」する。そして、そういった赤ちゃんからの返礼に親の方も気がつき、「気づいていますよ。ありがとう」という気持ちを込めて、更に笑顔を投げかけるという具合である。このように親も赤ちゃんもリズムあるやり取りを、お互いに少し調子を上げたり戻したり、呈示の仕方を変化させたりしながら繰り返していき、その時間を楽しみながらコミュニケーションを続けていく。精神科医スターン（Stern, D. N. 1989）は、このようなコミュニケーションを「情動調律」という言葉で表現しているが、そういった一連のやり取りが、赤ちゃんの心の中に、おぼろげながらの人に対する「信頼関係」となって、その後の発達を支えていくと言われている。この親と赤ちゃんとの信頼関係を、発達心理学者エリクソン（Erikson, E. H. 1959）は、「基本的信頼関係」と呼んで注目したが、精神医学者ボウルビィ（Bowlby, J. 1979（原著））は、親のこのような応答性は、赤ちゃんの親に対する愛着行動を促進し、子どもは「安全基地」である親を出発点として、背後に「見守ってくれる親」の存在を感じながら、思い切って外の世界に冒険に出かけていくことができると述べている。
そのような信頼関係や安心感は、幼児期になると更に子どもを支え、他者が自分の要求を満たしてくれる存在であると共に、他者を自分の鏡として捉え、他者の楽しみのために自分が行動する能力を持っていることもイメージできるようになる。つまり、他者の楽しみと自分の楽しみが共通であると感じる一体感により、集団としてのごっこ遊びや冒険ごっこなどが活発に行われるのである。それは、自分が心に描いているイメージを同じ遊びをする仲間にわかりやすく言葉で伝えることができるようになったり、仲間は何を考えているのかを想像する能力が磨かれていくことと関係する。もちろん、お互いの意図がぶつかり合ってけんかになることもあるけれども、たいていはごっこ遊びの想像性や創造性は最大限に発揮され、親密な他者を相手として、十分な時間をかけた様々な遊びが体験として繰り返されることにより、ゆっくりと着実に、子どもたちの中にコミュニケーションの力が発達していくことが想像できる。

**思春期以降に高められたコミュニケーションスキルはその後の人生を豊かにしていく**

さて、小学校入学後の児童期以降のコミュニケーションは、小学校中学年までは自己中心的で幼い行動も見られる一方、「みんなで仲良くする」ことがクラスの雰囲気を律している。また、親や先生からの指示という外的な基準に、「そうあるべき」と迷うことなく行動しようとする。しかし、高学年から中学1年生にかけての思春期の始まりでは、身体の急激な成長と共に、その身体的な成長に心の成長をどう追いつかせるかが、個人個人で試行錯誤される時期となり、コミュニケーションの様相も異なってくる。

現実検討能力がついてくるにしたがって、今まで疑いなく信頼を寄せていた親や先生・コーチからも心理的な距離を取り、考えを同じくする者同士の同年代の仲間意識や一体感が急激に高まり、仲間同士で自由さを謳歌《おうか》しようとする一方、それと同時に捉えがたい現実社会に対するもどかしさや、自分たちの実力はそれほどでもないことにも思い至るようになり、それに伴う挫折感や孤独感も高まっていく時期である。そして、この年代以降の子どもたちは、急激に社会の視界が開けていく中で、こうした仲間同士の親密さや自身の孤独を通して、本格的に複雑な大人のコミュニケーションを磨き始める時期にもなっていく。コミュニケーションスキル習得の試練は、そこから始まっていくのである。

前述したようなコミュニケーションの段取りやプロセスを思春期の子どもたちの会話

にして説明し直すと、例えば朝の登校時に友人を見かけ、「おはよう。今日は暑いね～」と言葉をかけた時、もしその相手から何の返答もこなかったとしたら、どうするだろう。まず、一つの方策は、聞こえなかったのかなと思って更に近寄り、もう少しゆっくりと声掛けをしてみることが考えられる。まだまだ自分中心に考えが回っている時期なので、考え事をしていてうっかり聞き漏らすことはあるものである。それで反応があって、「ごめん、聞こえなかった。暑いね～」といつもの笑顔の返事があったとしたらそれでその話は終わりである。だが、「いや別に。今日は暑くないよ」と期待したこととは逆の返事がきたら、またそれはそれで、その先を検討し実行しなければならない。本当に暑くないと思っているのか、それとも相手が自分との会話を続けるのは乗り気ではないので、いつもと異なる返答があったのかと考える。そして、その友人の服装と自分の服装を比べてみて、相手が風邪でも引いているのではないかと推察したり、そうでなければ会話を続けたくないのは悩み事があるからなのか、悩み事なら元気が出るような励ましの声掛けをしてみるのがよいのか、それともそっとしてあげた方がよいのか、また悩み事の原因は何なのか、家族とのけんかなのか、友達関係なのか、それとも、自分が迷惑をかけたことがあったのか、それが思い当たったとしたら詫びた方がよいだろうなどと、いろいろな捉え方や行動パターンが網の目のように広がっていくのである。つまり前にも述べたように、たくさんの行動パターンの引き出しを持ち、複数の可能性を同時に考え、そこから適切と思われる考え方をひとつ試してみて相手の反応を見ていくようなコミュニケーションスキルが段々と相手から期待され、自分もそうありたいと思う時期なのである。そうして、面倒ではあるけれども、省略や逆の丁寧さなど、信頼関係に基づいたコミュニケーションの上級者的なかけあいができるようになるまでは、結構失敗も伴う試行錯誤が続くのである。

そのようにして思春期から培っていった本格的なコミュニケーションスキルは、更にその人の人生にいつも寄り添っていく。高校や大学を卒業して思春期から青年期にさしかかった若者は、大多数がサラリーマンやOLとなって社会に出ていくが、遅刻欠勤なく出社し、与えられた仕事を卒《そつ》なくこなすことは当たり前のことであり、むしろ上司や同僚、部下と共に協力しながら仕事をしていくことが求められ、それが自分の仕事の成果につながったり、更に仕事に取り組もうとするモチベーションアップにもつながっていく。また、縁あって結婚した後は（と言っても、50歳時の未婚割合である生涯未婚率は男女共に近年上昇し続けているが）、妻や夫との配偶者関係はもちろんのこと、更に主には配偶者の父母や配偶者のきょうだい、またきょうだいの配偶者や配偶者のきょうだいの配偶者などとの付き合いが始まる。そして子どもが生まれれば、これから一生の付き合いとなる親子関係が開始される。配偶者と共に協力しながら子育てをすることになるのだが、自分や配偶者のきょうだいにも子どもができれば甥《おい》・姪《めい》（義理を含む）ができ、自分はその子どもたちのおじ・おば（義理を含む）となり、子どもたちのいとこ同士の付き合いに、自分たちが関わることにもなる。更には、子どもの学校関係や習い事を通した親同士の付き合いも始まり、また自分の趣味を通した自分独自の付き合いの輪も存続したり、新たに加わったりするだろう。そして、更に年月が過ぎれば、自分たちは子どもの結婚により、義理の父や母の役割を引き受けることとなり、孫が生まれれば祖父母となり、ひ孫が生まれれば曽祖父母となって、さらに人間関係が広がっていく。そのようにして人は、人生の最期まで、様々な人たちに囲まれ、コミュニケーションを持ちながら生涯を終えていく。

### 青年期のコミュニケーションスキルの高まりとアイデンティティーの獲得

このように人の人生は、どの時代にあっても様々な人との関係の中で営まれており、コミュニケーションが存在し、そのスキルが磨かれていく。そして、前述のように職業人となってチームで仕事をしたり取引先とやり取りを重ねたり、また、結婚して家庭人となって夫婦関係、親子関係、親族関係、近隣関係と人間関係が広まっていく成人期は、社会から求められるコミュニケーションスキルのレベルが格段に上がる時期でもあり、したがって、その直前の青年期においては、コミュニケーションスキルを十分に伸ばしていくことが求められる。

青年期はまた、生涯発達心理学において、過去・現在・未来の自己のイメージを統一したものとして連続して考える「時間的展望」の取得が求められる（白井・都筑・森、2012）。つまり、自分が、どのようなプロセスを経てどのような人間として育ったのか、そして、現在の自分はどのような特徴を持っているのか、そしてそれは、これからの自分の人生で役立つものであるのかを見極めていくことが求められる。いわば青年期は、これまでの人生の仮まとめの時期であり、人は生涯において発達し続けることを提言した前述のエリクソンは、青年期とは、自分が他の何者でもない、これがまさに自分であるという「自我同一性（アイデンティティー）」を獲得する時期であり、一方、自分が持っている特徴は、社会通念や慣習としっかりとすり合わせが行われなければならないとしている。すなわち、自分の特徴は、どのように社会通念と整合するものなのか（そもそも自分は社会通念をしっかり把握できているのかも含まれるだろう）、整合しないものはそのまま自分の「個性」として取っておけるのか、それとも、何らかの修正や思い切った方向転換が必要なのかなどいろいろ考えを巡らせながら、その場その場の体験の中で自分なりの結論を出しながら、社会と調和した「自分らしさ」に自分を仕上げていくのである。このプロセスを青年心理学では、「役割実験」と言うが、そういった行為は、複数の重要な他者との競争や励まし合い、または見守りの中で、集団社会に生きる成人としての自己を作り上げていく青年期ならではの作業と言うことができるのではないかと思われる。

## 課題の解説

**課題文は、人のコミュニケーションの仕方が、成長するにつれてどのように変化していくかを論じた文章**です。

乳児期から大人になるまで、周囲の人や社会との関わりの変化に伴い、コミュニケーションの仕方も変化しつつ、コミュニケーションスキルがだんだんと磨かれていきます。そうして、さまざまな対人関係を経験しながら、人は自己のアイデンティティーを確立していくわけです。

逆にいえば、そうしたコミュニケーションを磨く機会が少ないままだと、人は健全な成長をすることができなくなります。

課題文の冒頭では、インターネットによるコミュニケーションが広まっている現状と、それがもたらす弊害にも言及されています。

インターネットによるコミュニケーションは、さまざまなメリットもありますが、それによって直接的なコミュニケーションが減ってしまうと、課題文が述べているように、対人関係を通じて自己をつくり上げていく過程が省かれてしまう恐れがあります。

はっきりとは書かれていませんが、課題文からそうした問題意識を読み取ることもできるでしょう。

その意味では、この課題は「情報・メディア」のテーマとも深く関わっているので、合わせて考えてみるといいでしょう。

## 攻略のポイント

傍線部でいわれているのは、簡単にいえば、「コミュニケーションのスキルを磨くには、失敗も伴う試行錯誤が必要だ」ということです。

ただ、このこと自体をイエス・ノーの問いにするのは難しいでしょう。

傍線部のような言葉の前提には、「コミュニケーションの経験を積み、コミュニケーションスキルを磨くことが、若者の自己形成につながる」という筆者の考え方があります。その考えが正しいかどうかを問題提起するのが、最も書きやすいはずです。

基本的には、イエスの立場に立って、「自己形成のためにはなぜコミュニケーションの試行錯誤が必要なのか」という理由を具体的に説明するのが書きやすいでしょう。

「自分の体験を踏まえて」とあるので、周囲の人たちとのコミュニケーションに失敗したり、それを乗り越えたりした体験を具体例として示すと、うまくまとまります。

あえてノーで書くとすれば、「失敗を含むコミュニケーションの試行錯誤が、健全な自己形成を妨げることもある」といったことを論じるといいと思います。

とくに、思春期のコミュニケーションの失敗体験は、心に大きな傷を残し、その後の成長を妨げる可能性があります。

そうしたことを冷静に、客観的に論じることができれば、十分説得力のある内容になるでしょう。

## 模範解答例（その1、イエスの立場）

### 他者との関係性を築き、社会性を身につけるために必要

傍線部では「コミュニケーションのスキルを磨くには、失敗も伴う試行錯誤が必要だ」と述べられている。その背景には「コミュニケーションの経験を積み、そのスキルを磨くことが、自己形成につながる」という筆者の考え方がある。その考え方は正しいだろうか。

確かに、思春期のコミュニケーションの失敗は、若者の心を傷つけ、ときにその人にとって致命傷になりうる。しかし、基本的には、失敗も含めてコミュニケーションの経験を積むことでしか、若者が自己形成をすることは難しいはずだ。

私は、小中学生の頃、引っ込み思案で人に話しかけるのが苦手な子どもだった。だが、高校に入って、このままではいけないと思い、積極的にクラスメートに話しかけるようにした。最初は一言声をかけるだけで精一杯だったが、そのうち自然とクラスメートに受け入れられるようになっていった。そこで感じたのは、他者と積極的に関わろうとしない限り、自分の殻も破れないということだ。「自分は引っ込み思案だから」という思い込みだけでコミュニケーションを拒否していると、いつまでたっても他者との関係性を築くことができず、社会性も身につかないだろう。

したがって、私は「コミュニケーションの経験が自己形成につながる」という筆者の考えは正しいと考える。

## 模範解答例（その2、イエスの立場）

# 自分が何者かを知るために必要

傍線部を簡単にまとめると、「コミュニケーションのスキルを磨くには、失敗も伴う試行錯誤が必要だ」となる。その前提には「コミュニケーションスキルを磨くことが、自己形成につながる」という筆者の考え方がある。その筆者の考え方は正しいのだろうか。

確かに、コミュニケーションの苦手な人が無理にそうした経験を積む必要があるのか、という疑問もある。とくに、いまはネットもあるので、無理に対面コミュニケーションをするよりも、ネットによるコミュニケーションで十分という考え方もあるかもしれない。しかし、それでは、若者が自己形成をする機会が得られないだろう。

人間は、他人との関係を通じて、はじめて自分自身を知ることができる。私は、二年前、はじめての恋愛をした。それまで自分はあまり人に影響されたり、物事に動じたりしないタイプだと思っていた。ところが、好きな人ができた途端、その人の一言一言に強い影響を受けたり、その人が何かするたびに強い情動を覚えるようになった。自分にそんな一面があるとは思ってもいなかったが、それは恋愛の経験がなければ、知ることができなかっただろう。この恋愛はすぐに終わったが、こうした失敗も含めたコミュニケーションの経験を積むことで、人は自分が何者かを知るようになるのだと思う。

したがって、私は、コミュニケーションの重要性を説く筆者の考え方に賛成だ。

## 模範解答例（その3、ノーの立場）

### 対人関係の苦手な若者を追い詰める危険がある

傍線部には、「コミュニケーションのスキルを磨くには、失敗も伴う試行錯誤が必要だ」とある。筆者は、コミュニケーションの経験を積むことが、若者の自己形成につながると考えているのである。それでは、そうした考え方は正しいのだろうか。

確かに、筆者の考えは、基本的には正しいといえるかもしれない。人間は社会的な存在といわれるが、社会性を身につけるには、対人関係のスキルを高めることが必要だ。それには、できるだけ多くのコミュニケーション経験を重ねることが必要だろう。しかし、そうした経験が、かえって若者の健全な自己形成を妨げることがあることも否定できない。

コミュニケーションの失敗は、ときに心に大きな傷を残す。中学生の頃、私は気が弱くて、いじめのようなことをされることがときどきあった。なんとかしようと思って、積極的にクラスメートに話しかけるようにしたが、「一生懸命なところが気持ち悪い」などといわれて、かえっていじめがひどくなった経験がある。幸い、高校ではもっと明るい生活が送れたが、それはインターネット上で共通の趣味仲間を見つけられたことが大きい。コミュニケーションの必要性は否定しないが、それがなければ正しく成長できないといった見方は、対人関係の苦手な若者を追い詰めてしまう場合もあるのである。

以上のように、私は筆者のような考え方がつねに正しいとは考えない。

## 悪い解答例

傍線部で筆者がいっているのは、「コミュニケーションのスキルを磨くには、失敗も伴う試行錯誤が必要だ」ということだろう。だが、はたして、この考え方は正しいのだろうか。

確かに、もともとコミュニケーションが得意な人であれば、コミュニケーションのスキルを磨くのにも、それほど試行錯誤を必要としないのかもしれない。しかし、そうした人はむしろ例外だろう。ほとんどの人は、とくに学校に入ったころから、集団生活の中でクラスメートとの関係を築きながら、コミュニケーション能力を身につけていく。失敗を含む試行錯誤は、むしろ大いに必要なのだ。

とくに、思春期になってからは、「自分は何者なのか」「自分がいまここにいる意味は何なのか」などと思い悩むことが多くなる。そして、自分の殻に閉じこもってしまうこともあるだろう。私自身、そうした状態に陥っていたとき、助けてくれたのは悪友の存在だった。しょっちゅう喧嘩をする仲だったが、その友人がそばにいて、どうでもいいことを話しかけてきてくれるだけで、自分には存在する意味があるように思えたのだ。このように、コミュニケーションの試行錯誤を通して、自分自身の存在意義を確認し、自己の成長へとつなげることができるのだ。

したがって、私は筆者の考え方に賛成だ。

## 樋口先生のコメント



**POINT 1**

傍線部の説明としては適切だが、この問題提起だと、ノーとは答えにくいはず。課題文全体としては、筆者は「コミュニケーションの経験が自己形成につながる」と論じているので、その考えが正しいかどうかを問題提起するほうが、課題の意図ともかみ合うはずだ。

**POINT 2**

問題提起がよくないため、内容的にズレている。また、「しかし……」の部分は、問題提起に対する自分の立場（イエスかノーか）を明確に示すだけで十分。これだと、第3部で書くべき内容の先取りになってしまっている。

**POINT 3**

論点としては的確。体験の内容も、論点に合っている。問題提起さえ適切であれば、課題の意図ともかみ合って、十分説得力のある論になると思う。

# 7 情報・メディア

「情報・メディア」というテーマは、情報系だけでなく、人文系や教育系全般でよく出題されるテーマです。

ＩＴ化やＳＮＳの普及、それによるメディアの変化は、私たちの人間関係や生活、社会のあらゆる分野に大きな影響を与えています。それに伴って、本の読み方や音楽の聴き方などから教育のあり方まで、さまざまなものにも根本的な変化が生じています。

情報化やＳＮＳなどの現代のメディアの功罪、社会や人間性に与える影響、今後の活用の仕方など、幅広く問われることが考えられるので、基本的な知識はしっかりと押さえておきましょう。

## テーマの解説

**現代は、情報社会**といわれています。情報社会とは、**情報が価値をもつ社会**ということです。

たとえば、かつては音楽を聴くためには、ＣＤというモノを買い、ＣＤプレイヤーという専用のモノによってそれを聴くしかありませんでした。

ところが、いまはサブスクリプション・サービスと契約すれば、音楽をいつでもどこでも簡単に聴くことができます。

ヒットしたかどうかは、ＣＤというモノの売り上げではなく、ストリーミングでどれだけ聴かれたか、つまり**「情報」としてどれだけ消費されたかで判断されるようになってきています。**

**音楽だけでなく、映画も本も、インターネットを通して消費する情報の一種となっています。**

そのため、**音楽体験や読書体験といったもののあり方も、かつてとは大きく違っている**でしょう。

たとえば、本を読むことは、物理的なモノとしての本の存在感（モノとしての重み、ページをめくる音、何度も読み返して手垢のついた表紙など）と切り離せませんが、電子書籍を読む場合は、そうした側面はありません。そのため、むしろ中身の情報だけを、余計な感情や思い入れ抜きで受け止めることができるというメリットもあります。

**情報化の進展に応じて、メディアのあり方も大きく変化しています。**

かつては、テレビや新聞といったマスメディアは、一般の人々への影響力が大きく、世論を左右してきました。

現在は、SNS（ソーシャル・ネットワーキング・サービス）が発達し、ニュースもSNSを通して知る人が増えています。SNSの世論への影響力も高まり、逆にテレビや新聞がそれを後追いするといった現象も起きています。

**SNSの最大の特徴は、誰もが情報を発信する側になれること**でしょう。

テレビや新聞といったマスメディアが偏向報道を行ったり、都合の悪い真実を隠そうとしたりしても、現在では、一個人がSNSを通じてそれを訴え、多くの人に真実を伝えることも可能になっています。

その一方で、**デマや誹謗中傷といった質の悪い情報であっても、簡単に発信できるようになっているのも事実**です。そして、何かのきっかけで、それがあっという間に世界中に拡散されることもあります。

7 情報・メディア

SNSの世界では、情報が真実かどうかはほとんど問題になりません。それがウケるかどうか、自分の思い込みと合致しているか、自分の意見を補強してくれるかが重要になります。

そのため、場合によっては、意図的な誤情報（フェイクニュース）を拡散させて世論操作をするケースも増えてきました。

このように、客観的な事実よりもフェイクニュースが社会を動かすようになってきている状況は、「ポスト・トゥルース（ポスト真実）」と呼ばれています。

そうした状況に踊らされないように、今後は一人ひとりが「メディア・リテラシー」を鍛えて、情報を批判的に吟味する習慣を身につけることが必要になるでしょう。

## 課題

次の文章を読んで、「読書の光景の変化」に対する筆者の「処方箋」のアイデアをまとめ、それに対するあなたの考えを600字以内で述べよ。

（北九州市立大学・文学部・比較文化学科　2019年度　設問一部改変）

2016年のこと。米・仏のとある合同研究チームによるこんな調査結果が公表されて、ネットでちょっと話題になった。ツイッターの世界では、約59パーセントの記事URLはクリックされないままリツイートされているというのだ。その後、割合はもっと上がっているだろう。

うすうす勘づいてはいたものの、あらためて具体的な数字をもってこられると、やっぱり衝撃を受けてしまう。多くのユーザーがニュース記事の中身をろくすっぽ読みもせずに、それどころかリンク先を開くことさえせず、要約風の見出しやらリード文やらをちらっと見ただけで、すすんで情報拡散に協力している。どおりでフェイクニュースもひろがるわけだ。

『ワシントンポスト』の紹介記事によると、調査チームのメンバーのひとりであるアルノー・ルグーはこの結果を、「記事を読むよりもシェアだけで満足する人が増えている」と分析している。「読む」よりも、まず「シェア」。書かれた内容の仔細《しさい》は問題にならず、共感可能性の度合いにばかり目がむかう。そこではサムネイル(注1)のインパクトがすべてである。それが記事の内容を正確に反映していなくとも、いっこうにかまいはしない。次から次へと連鎖してゆくシェア行為の束が編みあげる蚊帳の外に、内容は置き去りにされたままだ。

　社会的に重要そうなトピックやコメントが回ってくるや間髪をいれずリツイート。理由はいろいろだろう。扇情的な見出しに釣られてとっさにボタンを押したのかもしれないし（手軽さは脊髄反射を増やす）、自分のタイムラインを意識高く見せるためにおこなう一種の自己演出かもしれない（早期段階の反応が好ましい）。あとで読むための備忘録としてかもしれないし（けれど「あとで」はやって来ない）、拡散に加勢することで社会参画した気になれるのかもしれない（不適切なキャンペーンに意図せず加担することもしばしば）。

　ルグーのコメントでは「without making the effort to go deeper」という表現が使われていた。リツイートがお布施のように作用して、それ以上の「深い」コミットメントは免除される。ドリブルすることなくノートラップで——なんとなくサッカーの比喩を用いれば——、そのまま横にパスを流し送る。なにかしなければという社会構成員としてのかりそめの使命感は、キック（クリック）ひとつであっさり解消されてしまう。媒介者という役割を得て、自分を納得させる。無関心ではないことの意思表示としてはもっともコストが低い。

たしかに、冷酷な傍観者は減ったかに見える。けれど、だからといって、積極的に介入する当事者が増えたわけじゃない。増えたのは媒介者、それもたちまち消え去る媒介者ばかりだ。社会問題はいっそう孤立を深めてゆく。

ルグーはこうもいっている。「これが現代の情報消費(information consumption)の典型的なあり方なのだ」と。「人びとは要約、もしくは要約の要約によって自分の意見を形成している」。「要約」はオリジナルに接触する時間や労力や経費を削減してくれる。いまやその手の便利な代行アイテムはネット上を中心として大量に用意されている。むしろ、サマリーやキュレーション(注2)の類が爆発的に増殖した結果、それらが(物理的にも心理的にも)障壁となって、オリジナルへとむかうモチベーションが確保されにくくなっている。質より量、たくさんのことを知っているということ……を欲するということ。それはつまり、あらゆるものが「情報」として「消費」されるという事態を意味している。

ところで、「要約」がほとんど意味をなさないジャンルもある。筆頭は文学だ。小説の要約文を読んだからといって、その作品を読んだことにはならない。文学理論家のジェラール・ジュネットが解析したように、物語は「物語内容」／「物語言説」／「物語行為（語り）」の三つの相の複合体として組織されている。とりあえずは、「物語内容」は語られた話の内容、「物語言説」はそれを表現する言語、「物語行為」は語るという行為そのもの、くらいに捉えておけばよい。このうち要約されるのはたいてい物語内容、つまりストーリー（筋）だけである。要約は作品の大部分をとりこぼす。

けれど、ネットの検索窓に有名作品のタイトルを打ちこめば、「要約」や「あらすじ」といった単語がアシストされるし、小説のあらすじを記したサイトも簡単にヒットする（読書感想文や期末レポートの対策の一環だろう）。どうも世間の人びとは、おおまかなストーリーを把握しさえすれば、その小説を読んだことになるものと考えているらしい。

文芸批評家のアルベール・ティボーデは、たとえばストーリー展開にだけとらわれるような読者のことを「消費的読者」と呼んで、「精読者」と区別している。後者は物語言説や物語行為の側面にもちゃんと目をむけることができるような読者を指す。そして、多くの人間は前者にとどまる。そう、たいていの読書は「消費的」になされている。「消費者」と呼ぶのがふさわしい。現在、「読者」は急速に絶滅しつつある。

ルグーが何気なく使った「information consumption」という言葉につきている。高度消費社会の到来とともに、人びとは物それ自体ではなく、その記号性や情報性を消費対象の中心におくようになった。あらゆる物を記号や情報に還元してゆくそうした傾向は、いまや極限に達している。2017年の流行語になった「インスタ映え」はそのわかりやすい事例だ。商品を買ったついでに写真を撮ってシェアするのではなく、写真をシェアするためにこそ商品を購入する。商品の中身（性質）はさして重要ではない。ここでも求められるのはインパクトだ。

哲学者のジャン・ボードリヤールが指摘したとおり、そんな記号の差異化（注3）をめぐる消費ゲームに終わりは来ない。すこしでも速く、多く、強烈に。それが評価の尺度だ。消費が自己目的化する世界で、あらゆる対象が同一の平面にのっぺりと並べられる。書物も例外ではありえない。消費ゲームの全面化によって日常の読書の光景は一変しつつある。

学生が最近読んだおすすめの本を熱心に紹介してくれている。けれど、いつまでたってもその口から著者の名前が出てこない。「それ、誰の本なの？」とおそるおそる訊《たず》ねるも、返答は要領をえない。どうやら著者の存在に関心がむかわない読書があるらしいのだ。純粋といえば純粋。だが、それで次の読書につながるんだろうか。

発信元を確認しないという点で、添付URLをクリックしないのもこれと似ている。

『朝日新聞』の記事も、『産経新聞』の記事も、日テレの動画も、「リテラ」[注4]の記事も、個人ブログのエントリも、等しくソース不問で十把一絡げに、ただ〝ツイッターで見たニュース〟として接する。ようするに、本来玄関であるはずの自分のタイムラインから一歩も外へ出て行かない。手元に回ってきた箴言《しんげん》めいた[注5]ツイートも、発信者のホーム画面に飛んで前後の文脈を後追いしたり、どんな人物かをチェックしたりすることもないままに、リツイートなりコメントなりする。だから、誤読や齟齬《そご》がおこる。

『批評メディア論』で僕は、日本の言論空間の歴史に巣くう「固有名消費」を析出した。ごく簡単に要約しておくなら、《何を語っているか》ではなく、《誰が語っているか》にばかりフォーカスしてしまう読解の態度がこの国の討議風土を未成熟にとどめおいているのだと展開したのだった。ところが、いまや人びとは《誰が》に関心を寄せなくなりつつある。もちろん、《何を》にもまともにむきあおうとしない。テクストもコンテクストも「深く」触れられない。

文学のむこう側に人間がいることさえイメージできず、文字列を端的に「情報」として受けとる。メタ・メッセージ[注6]やアイロニー[注7]がまったく機能しないのも無理はない。前提が共有されないのだから。リテラシーが衰退したのだとすれば、このあたりに原因がありそうだ。
では、その処方箋は？——というところで紙幅もつきた。とにもかくにも、読書体験を「情報処理」から引き剥がすこと。そのために、物語にかぎらずあらゆる文章の「物語言説」や「物語行為」に相当する位相をそのつど精査すること。たとえば、誰が、どこで、誰に宛てて、どのように発した言葉なのか、その語り口にちゃんと目をむけてみる。このあたりからはじめるしかないんじゃないだろうか。

（大澤聡「読書の消滅」による。ただし、出題に際して原文の一部を改めた。）

（注1）サムネイル：縮小画像。
（注2）キュレーション：インターネット上の情報を収集しまとめること。
（注3）記号の差異化：ここでは、商品や物が、その有用性などではなく付与された意味によって他との差異を示すようになること。
（注4）「リテラ」：インターネットのニュースサイトの一つ。
（注5）箴言：戒めの言葉。
（注6）メタ・メッセージ：あるメッセージの背後にあるメッセージ。
（注7）アイロニー：反語、皮肉。

## 課題の解説

**課題文が論じているのは、「あらゆるものが『情報』として『消費』される」という情報消費社会の現状**です。

たとえば、本を読むことが、いまではたんにストーリーの要約を「情報」として知る（消費する）ことになってしまっています。

課題文の後半では、そうした読書のあり方の変化を題材にしていますが、**情報消費社会の現状は、前半で述べられているツイッターなどのSNSの使われ方によくあらわれている**といえるでしょう。

人には、世の中のニュースを知り、それについて何かを訴えたいという欲求があります。

しかし、たとえばツイッターの場合、ニュース記事のツイートが流れてきても、たいていは見出しやリード文をチラ見して、「これは重要そうだな」と思えば条件反射的にリツイートして終わりです。

記事の内容をくわしく理解する必要はありません。「自分はこのニュースに関心がある」という自己アピールの欲求が満たせれば、それで十分なのです。

このように、**すべてを「情報」として「消費」することが当たり前になっていて、「情報」の背景にあるものを理解しようとすることがなくなってきているという現状**があります。

この課題は、そうした状況を踏まえて考える必要があります。

## 攻略のポイント

まずは、「読書の光景の変化」に対する筆者の「処方箋」のアイデアをまとめる必要があります。

とはいっても、課題文の最後の段落で駆け足で触れられているだけですが、筆者がいいたいのは、文章を「情報」とみるのではなく、「誰が、どこで、誰に宛てて、どのように発した言葉なのか」に目を向ける、つまり文章の背後に書き手の意図を見てとるということでしょう。

そうしたアイデアが正しいかどうかを論じるわけですが、基本的には、イエスの立場に立って、第3部でそうした「処方箋」が必要な理由をくわしく説明するほうが書きやすいはずです。

あえてノーで書くとすれば、

「書き手の意図や背景などの情報を知ると、かえって書かれていることの本質を見失う恐れがある」

「そうしたことを気にせず、書かれている情報だけに向き合うほうが、むしろ情報のあふれている現代社会にふさわしい」

などのように論じることもできるでしょう。

注意してほしいのは、読書が例になってはいますが、あくまでも情報消費社会の現状が問題になっているという点です。

「ストーリーだけを追うのは、読書のやり方としてふさわしくない」

「読書は自分の楽しみのためのものなので、作者のことなど知る必要はない」

などのような内容だと、課題の意図とズレてしまうので、気をつけましょう。

## 模範解答例（その1、イエスの立場）

### 情報を読むとは、その背後にあるものを読み取ることだ

筆者は、読書のための処方箋として、文章をたんに消費される「情報」とみるのではなく、文章の背後に書き手の意図や背景を見てとることが必要だ、と述べている。それでは、そうした筆者の考えは正しいといえるのだろうか。

確かに、書き手が誰かなどを気にするのは、かえって書かれていることの本質を見失いかねないという考え方もある。たとえば、有名な知識人が書いたという理由で、文章の読み取りにバイアスがかかる場合もあるかもしれない。しかし、そうしたことがあるとしても、原則としては、書き手の意図や背景などを踏まえたうえで文章を読み取る必要がある。

書かれたものをたんに「情報」として消費するかぎり、それは誰が書いても同じということになってしまう。情報というのは、誰がどのように語っても変わらないものだからだ。だが、情報からそれ以上のものを読み取るには、そこにどんな書き手が、どんな意図を込めているか、そしてその文章がどんな状況や背景を踏まえて書かれているか、といったことを読み取ることが必要だ。それが本来の意味での「情報を読む」ことであって、そうした能力を身につけることが、情報社会を生きていくうえでは不可欠なのだ。

このように、私は文章の背後に書き手の意図や背景を読み取るべきだという筆者の考えに賛成だ。

## 模範解答例（その2、イエスの立場）

## 同じ情報でも、文脈や状況に応じて意味が異なる

筆者が読書のための「処方箋」として示しているのは、文章をたんに「情報」とみるのではなく、「誰が、どこで、誰に宛てて、どのように発した言葉なのか」に目を向ける、つまり文章の背後に書き手の意図を見てとるということだ。では、この考え方は、本当に正しいのだろうか。

確かに、情報化の進んだ現代社会では、必要な情報をいかに入手し、それに対処するかが重要だ。これだけ情報が過剰にあふれている中で、書かれたものの背後にいちいち書き手の意図などを探っていては、社会の動きに対応できなくなる恐れもある。しかし、それでも、文章をたんに情報としてだけ消費することは避けなければならない。

書かれたものは、たとえ文字列としては同じでも、それが置かれている文脈や状況に応じて、意味や価値が異なってくる。たんに文学がそうだというだけでなく、マスメディアやSNS上の情報であっても、それは同じことだ。「情報」としては同じでも、誰が、誰に向けて、何のために書いたのかによって、そこに込められている意味やメッセージがまったく変わってくるのだ。そうしたところまで読み取らないで、情報の文字列だけを読んですませるのでは、本当の意味で情報社会に対応することはできないだろう。

よって、私は書かれたものの背後を読み取るべきだという筆者の考えは正しいと考える。

## 模範解答例（その3、ノーの立場）

## 情報を読むのに書き手の存在を想定すべきではない

筆者は、読書のための「処方箋」として、文章をたんに「情報」としてみるのではなく、文章の背後にある書き手の意図、背景などを踏まえて読むことが必要だ、と述べている。そうした考えは、正しいといえるのか。

確かに、文学作品などは、作者の語り口を追い、その意図を読み取って、作者のメッセージを正確に理解することが必要かもしれない。しかし、文学作品以外の文章については、必ずしもそうした読み方が正しいとはいえない。

情報社会の特徴は、むしろ、「誰が何のために書いたのか」を気にしないで書かれたものを読むことができることだ。書き手が誰かなどを気にすると、かえって書かれたものの本質を見失うことがある。たとえば、有名な知識人が書いたというだけで、その文章に勝手に過大な価値を与えたり、逆に匿名の意見をそれだけで軽んじたりすることもあるだろう。かつては、文章を書くのは知識と教養のある人と決まっていたので、それが当たり前だった。だが、現代では、誰もが平等に自分の意見や考えを書いて、ＳＮＳなどのメディアを通して発信できる。そうした状況においては、書き手の存在などを考えず、書かれたものだけを読み、その価値を判断するほうが望ましい。

よって、私は文章の背後に書き手の意図を見て取るべきだという筆者の考えには反対だ。

## 悪い解答例

筆者は、読書のための処方箋として、文章をたんに「情報」として消費するのではなく、文章の背後にある書き手の意図や背景を見てとるべきだ、と述べている。では、筆者のその考えは正しいのだろうか。

確かに、読書は自分の楽しみのためのものなので、作者のことなど知る必要はない、という考え方もあるだろう。ライトノベルなどであれば、それでもかまわないと私も思う。電車の中で読み飛ばすような小説であれば、作者のことを知らなくても別に問題はないはずだ。しかし、そうした考えは、読書全般には当てはまらない。

たとえば、夏目漱石や太宰治のようなすぐれた小説家の作品は、ストーリーの要約だけを読んでも、どこがおもしろいのかよくわからないことがある。それは、ストーリーがその作品の本質ではないからだ。作者は、自分の人生を賭けて、さまざまな思いを込めて作品を書いている。ストーリーのおもしろさは表面的にわかりやすいので、どうしてもそこで作品を判断してしまいがちだが、そうではなく、作者が一行一行に込めた思いや、作品全体に託したメッセージなどを読み取らなければ、作品を読む意味がないだろう。

したがって、私は、「読書は文章の背後にある書き手の意図などを読み取るべきだ」という筆者の考え方は正しいと考える。

POINT 1

「ライトノベルだから読み飛ばしてもいい」というだけでは、反対意見としても成り立たない。イエスの立場で書くなら、反対意見は、むしろ「書き手のことなど知らないほうが、現代においては意義がある」という方向で考えてみてほしい。

POINT 2

反対意見も、読書（文章を読むこと）のあり方全般の問題として考えてほしい。

POINT 3

たんに「すぐれた小説には作者の思いが反映されているので、それをおろそかにすべきではない」というだけの論になってしまった。今回の課題で問題になっているのは、あくまでも「情報消費社会における読書（文章を読むこと）のあり方をどう考えるか」ということ。文学論を語っても課題の意図とはかみ合わないので、注意しよう。

# 8 学校・教育

教育系では、当然ながら、「学校・教育」のテーマが頻出します。

とくに、近年、社会の変化に伴って、学校のあり方も変化を余儀なくされています。いじめや不登校などの個別の問題についても、たんなるきれいごとではなく、そうした学校教育の置かれている現状を踏まえて考えることが必要です。

また、教育系以外でも、学校・教育がらみの出題がされることがあります。

社会問題の多くは、教育の問題と無関係ではありません。したがって、現代の学校・教育について、基本的な事柄は理解しておきましょう。

## テーマの解説

**現在、日本の学校教育はさまざまな問題点を抱えています。**

**もともと、日本の学校教育は、国家や社会に貢献する「よい社会人」を育成するためのもの**とされてきました。

生徒がみんな同じ制服を着て、厳しい校則で縛られ、班行動などの集団行動が重視されてきたのも、そうした**「社会のための教育」という理念があった**からです。

ところが、戦後民主化が進み、個人主義が定着するようになると、学校教育の考え方も変わってきます。

校内暴力や落ちこぼれなど、従来の管理教育の弊害が明らかになってきたこともあり、**もっと生徒の個性を尊重し、民主社会にふさわしい人間を育てることが求められるようになってきました。**

そのため、2000年以降、いわゆる**「ゆとり教育」**が導入され、それに伴ってさまざまな変革がされました。ただし、それ以降、日本の教育は迷走を続けているといえます。

まず、**ゆとり教育は学力低下を招いたとして、わずか数年で見直される**ことになります。

その後、授業時間数や教科書の内容が増えるなどの揺り戻しが起こりますが、**2020**

**年度からは、再び根本的な教育改革が進められることになりました。**

そこでは、**「社会に開かれた教育課程」**をキーワードに、**学校で学んだことを社会の中で自ら活かし、役立てる力の養成**が目指されています。

しかし、**その一方で、英語教育の早期化やICT教育の導入など、生徒や教師がやらなければならないことも大幅に増えています。**

そのため、**教育現場は混乱し、思うような効果も上がっていないのが現状**です。

学校の現場でのさまざまな問題も、深刻化しています。いじめや学級崩壊といった問題もそうですが、**近年は教師の長時間労働がクローズアップされるようになってきました。**

その背景には、**学校の役割が肥大化しつつある**ことがあります。

共働きやひとり親の家庭が増え、また地域社会が崩壊しつつあることもあって、**本来は家庭や地域の役割だった子どものしつけなども、学校が担わざるをえなくなっています。**

また、家庭に居場所のない子どもたちを引き受ける役割も、学校に求められるようになってきました。

また、**部活動が盛んになるにつれて、顧問の教師の負担も増大しています。**

**もともと、日本の学校は教師の役割分担が曖昧で、授業も生徒指導も事務仕事もすべて**

**教師が引き受けていました**。そこに、教師のするべき仕事が加速度的に増え、肝心の授業の準備がおろそかになるといったことも起きています。

保護者や社会が学校に過剰な役割を期待するようになったために、ストレスが重なって、離職したり休職したりする教師も増えています。そのため、残された教師の負担がさらに重くなるといった悪循環も生じています。

**小手先の改革ですませるのではなく、学校教育の社会における役割について、根本的に問い直す必要がある**でしょう。

## 課題

次の文章の傍線部には、セイフティ・ネットから漏れた児童生徒を学校の場に包摂する役割が、教師には求められていると述べられている。その一方で、本文にあるように教師の多忙化の問題がある。

多忙な中で、教師として、傍線部にあるような役割を具体的にはどのように遂行できるかについて、限界も踏まえつつ、600字以内で説明せよ。

（愛知教育大学・教育学部・初等―教育科学部　2019年度　設問一部改変）

## 学校における知育以外の活動

日本の学校組織は、日本社会の縮図でもある。確かに学校は、近代以降成立した典型的な官僚制組織とは異なり、仕事の範囲や役割分担が曖昧だ。日本の学校は、その傾向が顕著である。アメリカの教師役割は授業に限定され、生徒指導や進路指導は別の専門職に委ねられているのと対照的である。この教師役割の曖昧さは、メンバーシップ型雇用の日本の会社組織と類似している。

もちろん良好な人間関係の構築、仲間集団の助け合いを進めることは、間違いではない。教育現場では、生活が乱れれば、それは学校での成績に悪影響を与えると考えられている。だから日本の学校で、生徒指導と教科指導を完全に切り離し、どちらかに集中することは、ほとんど想定されていない。そして問題が生じれば、教員間で情報を共有し、同僚との協働によって問題を解決することが図られてきた。

つまり日本の教育現場では、教科指導、生徒指導、進路指導は一体となって実施されてきた。これは、学習と普段の生活は切っても切り離せない、という前提に立てば、それなりに理屈の通る指導のあり方だ。ここに、何らかの学校評価システムを導入する。しかし形式的には、海外で行われているのをまねた評価システムであっても、組織文化が違うので、そのシステムは全く異なる形で機能する。日本のような、教師の役割や仕事の範囲が不明確な組織で評価システムが導入されれば、あらゆる活動が評価の対象となるだろう。

部活指導なども、かつては関心をもつ教師が、勝手に熱心にやっていた側面があっただろう。

しかし子ども、保護者、地域からの視線に晒《さら》されれば、何でもやる教師がスタンダードになる。言い換えれば、教科指導のみを行う教師は怠けている、教育熱心ではない、と言われかねない。つまり多くの教師も、休まない、「熱心な」教師の勤務状況に引っ張られることになる。こうしてほとんど手当もないまま、教師は過酷な労働を強いられることになる。

これは生徒からみても同じことで、メンバーシップを強調する集団では、情緒的結合が重視されるため、合理的なトレーニングより、長時間の拘束や過剰な練習につながりやすい。教育活動に限らず、日本の組織で非合理的と思える精神論が跋扈《ばっこ》するのは、組織集団のこうした性質が反映されている。

児童生徒にとっても、日本の学校組織は一長一短だ。部活動や班活動を通して、得られるものもあるだろう。一方で、このような活動は、（中略）いじめの温床にもなりうる。（中略）これは日本の学校で集団主義的な活動や、メンバーシップ型の社会を反映した教育活動が重視されていることと無関係ではない。

メンバーの中で、うまくできない子がいれば、もちろん助け合いの精神を学ぶこともできるが、常にそうなるわけではない。足を引っ張るからと、嫌がらせを受けることもあるだろう。またメンバーシップや班活動重視の学校で、シカトされることは精神的に強いショックを与えるはずだ。

グローバル化に伴い、海外（特にアメリカやイギリスなど）の教育改革を、日本にも導入する動きがあるが、教育制度や周辺社会環境が日本とは異なっているので、海外同様の効果は必ずしも期待できないのだ。形だけ海外の試みを導入しても、深刻な副作用が起きたり、最悪の場合、改革導入前に見られたメリットも失われ、改革がただの「改悪」になる可能性もある。海外の事例を参考にするならば、やはり学校の社会的位置づけの日本との違いを明確にし、日本のコンテクストに合わせなければ意味がない。

また教師の多忙化を指摘すると、「忙しいのは教師だけではない」などという反応が返ってくることもある。それは事実だろうが、そう反応して世の中がよくなるか考えてみてほしい。そこまで多忙で余裕のない状況に追い込んで、日本経済は最良のパフォーマンスを生み出しているといえるのか。むしろより悪い労働環境へ足を引っ張り合い、お互いが不幸になっていないだろうか。

### 未来に向けた、学校の可能性

インターネットの発達などもあり、単に知識を得るだけならば、学校に通う必要性はほとんどない。しかし今の日本で、学校制度自体を廃止せよと思う人は、おそらくほとんどいないだろう。では公教育、特に学校教育制度がなぜ必要なのか、その社会的機能について改めて考えてみるべきだ。なぜ私たちは、わざわざ学校という場に行かねばならないのか。

私たちが生きている以上、社会に出れば他者とかかわる。その訓練の場が学校だという考え方はありうる。確かに情報は溢れているが、知識や技能の獲得も、自分一人でメディア視聴するだけではなく、他者と一緒に活動するとか、ディスカッションすることで理解を深めることも可能だろう。

学校は、同一年齢集団という理由だけで、人々が人為的に集められた不自然な空間である。しかし、そうした人為集団であるがゆえ、価値観も異なる多様な人々と交わり、そこで他者との信頼関係を構築したり、共感や協力をしあったりすることで、一つの社会空間が成立できる。学校は、そうした社会空間構築の練習の場ともいえる。

また個人化が進んだ現代社会では、プライバシー観念の浸透により、個別の事情は見えにくくなっている。未成年の子どもは保護者の庇護《ひご》にあることが建前だが、実際には子どもたち皆がしっかり守られているわけではなく、保護者との関係などによっては、社会のセイフティ・ネットから漏れるリスクも出る。子どもがそのセイフティ・ネットから脱落した場合、人道上重大な問題となるし、社会に再度加わるチャンスを自力で得るのは非常に困難だ。子どもたちを前途ある存在として、社会が彼ら彼女らを包摂することが必要であろう。

学校は、そうした包摂（インクルージョン）の場として存在しうるし、実際にその役割を引き受けるのが現実的である。仮に、子どもたちがプライベートで不利を被っていたとしても、社会として包摂し、掬《すく》い上げることは、その子もこの社会のメンバーと認めているという意思表示になる。こうすることで、彼ら彼女らも将来社会の一員として貢献してくれるだろう。

8 学校・教育

【出典：中澤渉『日本の公教育：学力・コスト・民主主義』中公新書、2018年、247-252ページ。（出題の都合上、一部省略している）】

## 課題の解説

**課題文は、知識の習得が学校以外でも可能な現代において、学校教育の役割とは何かを問い直した文章**です。

とりわけ、問題になっているのは**公教育**、つまり**公立学校の役割**です。

**筆者が傍線部で言っているのは、簡単にいうと、「家庭に問題があって十分に守られていない子どもたちを守って、社会へと送り出す」ということ**でしょう。親に虐待されていたり、ろくにしつけをされていない子どものことを思い浮かべれば、筆者の言いたいことはわかるはずです。

かつては、地域社会やほかの親族がそうした子どもたちを守って、社会へと送り出す役割を担っていました。しかし、核家族化が進み、地域社会も崩壊しつつある現在、学校以外にそうした役割を求めることは難しいでしょう。

一方で、現在の学校は、かつてないほど多くの役割を担わされるようになっています。

**傍線部があらわしているのは、かつては家庭が担っていた「子どもの庇護」という役割も、学校に求められるようになっているという現状**です。

課題文では、教師の多忙化の要因として、教師の役割分担が曖昧な日本の学校組織の特徴をあげていますが、それに加えて、**学校に求められる役割そのものが肥大化したこともある**でしょう。

この問題は、そうした背景を踏まえて、考える必要があります。

## 攻略のポイント

設問では、「教師として、傍線部にあるような役割を具体的にはどのように遂行できるか」を論じることが求められています。

ただし、条件があって、教師の多忙化という問題を踏まえて考える必要があります。「限界を踏まえつつ」という一節も、そのことを指しています。

「教師として」とはいっても、もちろん、「将来教師になったらこうしたい」といった個人的な目標を書いても意味がありません。

そもそも、「どのように遂行すべきか」ではなく、「どのように遂行できるか」という問いなので、「こうすれば遂行できる」という方法や改善点などを考えることが必要です。

課題文の前半では、教師の役割の曖昧さや集団行動の重視などの、日本の学校組織や教師のあり方の問題点が指摘されています。そうした現在の学校の問題点をよく考えてみましょう。

そのうえで、教師個人の資質の問題としてではなく、これからの学校教育のあり方の問題として論じるといいでしょう。

この問題は、イエス・ノーの形では書きにくいので、第1部で問題提起の代わりに「こうすれば遂行できる」という自分の考えをズバリと示しましょう。

そして、第2部の「確かに……」の部分で、設問にある「限界」について簡単に説明すると、うまくつながるはずです。

## 模範解答例（その1）

# 教師の役割分担をもっと明確にすべき

私は、まず教師の役割をもっと明確にして、教科指導と生徒指導の担当を分けるべきだと考える。そうしてこそ、生徒を学校の場に包摂する役割を、教師は遂行できる。

確かに、そうした役割分担をするのは、現在の日本の学校制度のもとでは、問題もある。教師の役割をあえて曖昧にしてきたからこそ、日本では教師一人ひとりが生徒たちと深く関わり、信頼関係を結ぶことができたという面もある。役割分担がはっきりすると、一部の教師を除いて、そうした関係構築が難しくなるかもしれない。しかし、それでも、教師の役割の明確化は必要だと思う。

「生徒を学校の場に包摂する」という役割は、授業の場では難しく、実際には生徒への個別指導を通じて果たすしかない。だが、現状のままだと、教師は授業の準備と生徒指導の両方に忙殺されて、結局どちらも中途半端になりかねない。教師の役割分担を明確にして、生徒指導を中心に担う教師が生徒の家庭での様子や生活面をきめ細かく注意し、指導するようにする。そうすれば、教師の負担が過剰になることなく、「生徒を学校の場に包摂する」という役割を果たすことができるはずだ。

したがって、私は「生徒を学校の場に包摂する」という役割を果たすには、教師の役割分担をもっと明確にするべきだと考える。

模範解答例（その2）

## 教師自身の価値観を問い直すべき

私は、教師が「生徒を学校の場に包摂する」役割を果たすには、教師自身が集団主義的な価値観に縛られないようにする必要があると考える。

確かに、現在の日本の学校は、部活動や班活動などの集団主義的な行動を重視し、それをもとに教育の成果を評価するシステムになっている。教師自身もそうしたシステムの中にいる以上、そうした価値観から逃れることは難しいかもしれない。しかし、その中でも、教師一人ひとりが日本の学校の常識を疑ってみることで、できることがあるはずだ。

家庭に問題のある子どもは、きちんとしつけられていなかったり、他の子どもと足並みを揃えることができなかったりする。そのため、班行動などの中では、どうしても浮いてしまい、いじめの対象になりやすい。そして教師も、多忙な中で余裕がなくなると、そうした子どもを集団行動のできない問題生徒と見なしてしまいがちだ。そうなると、生徒は追い詰められて、家庭にも学校にも居場所がなくなってしまう。そのような生徒に学校での居場所をつくるためには、教師が集団主義的な価値観に引きずられず、生徒一人ひとりの背景や状況などを個別に判断できるようになることが必要だ。

したがって、私は教師が集団主義的な価値観を疑うことで、生徒を学校の場に包摂する役割を遂行できると考える。

## 模範解答例（その3）

### 地域社会との積極的な連携を図るべき

私は、生徒を学校の場に包摂する役割を遂行するためには、教師が地域社会の中へと積極的に入り込み、地域の人々とコミュニケーションを取ることが必要だと考える。

確かに、地域住民との関わりを増やすことは、ただでさえ多忙な教師の仕事を増やし、さらに教師を追い込む危険がある。地域住民の多様な声を教育に反映させようとして、かえって現場が混乱する恐れもあるかもしれない。しかし、家庭に問題のある子どもを学校の場に包摂するためには、地域住民の理解と協力が不可欠だ。

子どもの家庭に問題がある場合、その家庭と地域社会との関係にも何らかの問題がある場合が多い。また、その地域に特有の問題が、家庭の問題に反映されていることも少なくない。子どもを学校の場に包摂するといっても、学校が家庭の、教師が親の代わりを務めることはできない。むしろ、学校が地域社会と連携して、家庭に問題のある子どもが社会から孤立しないようにサポートすることが必要なのだ。そのためには、教師自身が地域住民と協力して、何が問題なのかを見出し、地域と連携しつつ子どもたちをサポートする体制をつくり上げる必要がある。

このように、私は子どもを学校の場に包摂するには、教師が積極的に地域社会と連携する姿勢を見せる必要があると考える。

8 学校・教育

## 悪い解答例

傍線部では、「セイフティ・ネットから漏れた児童生徒を学校の場に包摂する役割が、教師には求められている」と述べられている。では、そうした考えははたして正しいのだろうか。

確かに、教師がそうした役割まで担うべきなのかどうかという疑問はあるかもしれない。子どもを庇護し、社会に送り出す役割は、本来は家庭が担うべきであって、学校や教師がそこまで責任を負う必要はないという見方も、原則論としてはあるだろう。しかし、だからといって、子どもたちの現状をこのままにしておくことはできない。

近年、子どもの貧困化や児童虐待が問題になっている。家庭の多様化が進むにつれて、子どもの置かれている状況も深刻になってきているようだ。一方で、かつてそうした子どもの受け皿にもなってきた地域社会も、少子化や都市化によって解体が進んでいる。そうなると、現在、そうした家庭から見捨てられた子どもを助けることができるのは、学校以外にないだろう。もちろん、多忙な教師に負担がかかりすぎないように、学校組織のあり方を改める必要はあるかもしれないが、子どもたちにとって最も身近な存在である教師や学校こそが、そうした役割を担うべきなのだ。

したがって、私は傍線部のような考えは正しいと考える。

## 樋口先生のコメント

POINT 1

設問で求められているのは、傍線部の是非ではなく、それを踏まえて「教師としてその役割をどのように遂行できるか」を具体的に論じること。そもそもイエス・ノーでは論じにくい問題なので、第1部は根本的に考え直してほしい。

POINT 2

設問にある「限界も踏まえつつ」という条件をクリアーするには、ここで教師の多忙さや日本の学校組織の問題点などに触れておくほうがいいだろう。

POINT 3

問題提起がズレているため、ここも大きくズレてしまった。「教師や学校がそうした役割を担うべきかどうか」が問題になっているわけではないので、こうしたことを書いても課題の意図とはかみ合わない。もう一度、設問を読み直して、課題の意図をしっかりと捉え直してほしい。

# 9 子ども

「子ども」のテーマはいろいろな学部で出てきますが、出題のされ方はさまざまです。

教育系では、もちろん学校教育のあり方との関わりで問われることがほとんどです。また、人文系では、学部の専門に応じていろいろな問われ方がされています。

ただ、いずれの場合も、大人とは異なる子どもに特有のものの見方、子ども集団のあり方、社会における位置付けなどが問題になっています。そこから派生して、子どもの貧困や児童虐待、子どもの人権なども問題になります。「子ども」の問題について、志望学部でどういった問われ方をするのか、きちんと理解しておくことが大切です。

テーマの解説

**「子ども」という存在をどう捉えるかは人文系の学問の多くにとって重要なテーマ**です。たとえば、文学や芸術には、「子ども」をテーマとした作品が数多くあります。社会学や人類学、心理学などの分野でも、「子ども」はしばしば大きなテーマになります。

**子どもが重要なテーマになるのは、子どもが「人間でありながら、まだ人間になりきっていない」存在だから**です。

**「7つまでは神のうち」**という言葉もあるように、**かつて、幼い子どもは、神と人間の中間的な存在とみなされ、場合によっては信仰の対象ともなりました**。そのように、子どもを大人や社会とは異質な存在とみなす視点は、文学の世界の中にも多く見られます。いまでも、未成年者には選挙権がなく、法的な責任能力がないとされるのは、一人前の人間とはみなされていないからです。

そうした性質は、メディアの中でも、「子どもは無邪気で可愛らしい、純粋な存在」というイメージをつくり上げる一方で、ときには社会や良識と対立する異質な存在というイメージももたらしてきました。

大人は誰しも子どもだった時代があるはずですが、子どものころのことはほとんど忘れているか、いまの大人としての視点からしか思い出すことができません。そうした意味で、**子どもは大人にとっては最も身近な「他者」**であるといえます。

また、子どもが言葉を覚えていく過程や、子どもがさまざまな文化的慣習を身につけて社会化していく過程も、盛んに研究されてきました。

**「人間とは何か」を考えるにあたっては、言葉や文化、社会性といった、人間をほかの動物から区別する特徴の研究が鍵になります**。

子どもがそうしたものを身につける過程を研究することで、人間を人間たらしめるものが何かを深く知るきっかけになると考えられたわけです。

もちろん、現代社会において子どもが置かれている状況や子どもの抱えている問題点が出題されることもあります。とくに教育系では、そうした問題がしばしば出題されます。

**子どもは弱い存在なので、社会の矛盾や課題のしわ寄せが子どもに向かう**ことがあります。子どもの貧困や児童虐待、子どもの性被害も、近年は深刻な問題となっています。

現代では、子どもの人権も尊重されるようになり、子どもはその家族にとってだけでなく、社会全体にとって大切な存在とみなされるようになっています。そのため、児童虐待などの問題が大きくクローズアップされるようになりました。

しかし、その一方で、**いまではしつけも児童虐待とみなされる恐れがあるため、子ども**

9 子ども

をきちんとしつけることが難しくなってきたという声もあります。子どもの人権を守ることは重要ですが、それが行きすぎると、子どものしつけや教育がしにくくなるという矛盾が生じてきているのが現状です。

## 課題

次の文章では子どもが周囲の環境をどのように理解していくか述べられている。これをふまえ、子どもの世界と大人の世界のどちらが「豊か」であるとあなたは考えるか、あなたなりの「豊か」の意味を明らかにしたうえで、自身の体験をまじえ、論ぜよ。（600字以内）

（滋賀県立大学・人間文化学部　2020年度　設問一部改変）

幼い頃、私にとっての世界は、自分の住んでいる小さな町にかぎられていた。その町には山と川があり、川原があった。家があり、塀があり、雑草のはびこる空き地があった。山と川のあいだには、田圃《たんぼ》があり畑があった。橋を渡った町のはずれには学校があり、そこに毎日かよっていた。

橋の欄干《らんかん》から身を乗りだして川の流れを見ていると、橋のほうが動いてゆくように思えた。小学校の低学年の子どもにとって、世界は自明であると同時に、驚きに満ちていた。大人たちの会話の破片が、この世界にときに異様な照明をあたえた。ほとんど稲妻のように。だが、それは世界の一部を明らかにすると同時に、さらに暗くもした。闇の部分を増やしもしたのである。

夜、寝入ろうとしている子どもたちの耳に、大人たちの世界から声が聞こえてくる。それはかすかな話し声であったり、異次元からの声とでもいうほかないラジオのアナウンスの声だったりする。これらの言葉は子どもの世界をさらに混乱させた。

そこで語られるさまざまな人名や地名が、何か異様に、雲か霞のように遠くへと伸びている世界というものを感じさせるのだが、むろんその端は闇に消えていてつかむことができない。そしてそのさらに向こうには、心身ともに萎《な》えてしまいそうな光り輝く死が潜んでいるのである。

跨線橋《こせんきょう》（注1）は鉄道会社が利用者へのサーヴィスとして作ったのだと長く思っていた、と、太宰治《だざいおさむ》がどこかに書いている。子どもにとって跨線橋を渡ることは楽しみのひとつなのだ。いつもとはまったく違う眺望を得ることができるからだ。その楽しみの体験から世界の全体を類推してゆくほかない、それが子どもの世界なのである。

太宰治の幼年時代の記憶は特殊なものではない。川も橋も、その橋の下も、危険と魅惑に満ちていて、子どもたちは、その危険と魅惑から世界を構成してゆくほかないのである。

学校にしてもそうだ。先生も生徒も、はじめ、どこからともなく現われるのである。大人たちや子どもたちのあいだにこだまするさまざまな声が、その先生や生徒がどのような世界にどのようにつながっているかを暗示する。だが、ただ暗示するだけなのだ。知識のあいまを埋めてゆくのは、放恣《ほうし》というほかない想像力だった。世界はいびつに形をなしていった。

たとえば「蛍の光」という唱歌がある。毎年、卒業式に歌われるわけだが、その歌詞は小学校の一年生や二年生に理解できるようなものではない。私はいつも、「いつしか年も、すぎのとを」という一行になると、塔のようにそびえる巨大な杉の木を思い浮かべていた。そして、上級生の卒業と杉の塔とのあいだにどのような関連があるのか、ひそかに思いをめぐらしていたのである。

私だけではない。たとえば蓮實重彦《はすみしげひこ》は、(注2)「あけてぞ、けさは、わかれゆく」という一行に、「ゾケサ」なる奇怪な動物の行進してゆくさまを思い浮かべていたのだという。

『反＝日本語論』の一節を引く。

『蛍の光』の最後の一行に含まれる強意の助詞「ぞ」の用法を理解しえなかった少年は、なぜか佐渡のような島の顔をした「ゾケサ」という植物めいた動物が、何頭も何頭も、朝日に向ってぞろぞろと二手に別れて遠ざかってゆく光景を、卒業式の妙に湿った雰囲気の中で想像せずにはいられないのだ。ゾケサたちは、たぶん彼ら自身も知らない深い理由に衝き動かされて、黙々と親しい仲間を捨てて別の世界へと旅立ってゆくのだろう。生きてゆくということは、ことによると、こうした理不尽な別れを寡黙に耐えることなのだろうか、可哀そうなゾケサたちよ。

「佐渡のような島の顔」をしているというのがとりわけ傑作である。声をあげて笑ってしまうのは、自分も似たような体験をしているからだ。おそらく誰もが同じ体験をしているのである。

たかが歌の歌詞にすぎないなどといってはならない。他のさまざまなことにしても、世界は同じようなかたちで理解されてゆくのである。親族についても、学校についても、町についても、そして自分自身の身体についてさえも、まず奇怪な思い違いこそが子どもの頭脳を占拠するといっていい。そしてその世界像は子どもの秘かな欲望と深く関係しているのである。

三浦雅士『身体の零度』（1994年、講談社）を一部改変

（注1）鉄道線路をまたぐ橋。
（注2）フランス文学、映画批評などを専門とする。小説家としても知られる。

## 課題の解説

**課題文では、子どものころ、筆者が世界をどのように見ていたか、どのように世界と関わっていたか、ということが語られています。**

子どもにとって、自分の生活範囲を越える世界は未知のものです。子どもたちは、断片的に知っている事柄の隙間を、自由な想像力で埋めながら、なんとか世界を自分なりに理解しようとします。

課題文のいう「奇怪な思い違い」は、たんに知識不足というだけでなく、子どもがなんとかして手持ちの知識やイメージの断片だけで世界を理解し、再構築しようとする欲望のあらわれといえます。

課題文が語っているのは、もちろん筆者の個人的な記憶ではありますが、多くの人にとって共感できる内容でもあるでしょう。

ただし、大人になるにつれて、知識や経験が増え、そうした「奇怪な思い違い」は正されていきます。それはつまり、「世界」がそれだけ「思い違い」をする余地がなくなる、つまり自由な想像力で埋める余地がなくなるということでもあるでしょう。

その意味で、課題文の筆者は、子どもがいかに自由な想像力で世界を見ているか、そして、それが大人になるにつれて失われてしまうということを言いたいわけです。

そうした、「子ども／大人」という対立図式が背景にあることを、まずは見てとる必要があります。

## 攻略のポイント

設問では、課題文を踏まえて、子どもの世界と大人の世界のどちらが「豊か」であるかを論じることが求められています。「あなたなりの『豊か』の意味を明らかにしたうえで」とあるので、まずはその点をよく考える必要があります。

筆者は明らかに、子どもの世界のほうが「豊か」と考えているようですが、その場合、「豊か」というのは、「自由に想像力を働かせる余地がある」「新鮮な驚きに満ちている」といった意味になるでしょう。

書き方としては、第1部でまず簡単に課題文をまとめたうえで、子どもの世界と大人の世界のどちらが「豊か」といえるのかを問題提起するといいはずです。

それで書きにくい場合は、問題提起の代わりに結論から始めてもいいでしょう。

そして、第3部で、まず自分の考える「豊か」の意味を示したうえで、それを裏付けるような自分の体験を説明すると、うまくまとまります。

内容的にも「子どもの世界のほうが豊か」という立場のほうが書きやすいでしょう。

あえて逆の立場で書くなら、辞書どおり「豊か＝必要なものが満たされている状態」などとしたうえで、「子どもが想像力を使うのは、世界を正しく認識できないためで、それは子どもにとって好ましい状態とはいえない」などと論じることができます。

## 模範解答例（その1、子どもの世界のほうが「豊か」とする立場）

# 子どもの世界は、自由に想像力を働かせる余地がある

筆者は、「子どもは周囲の世界を、わずかな知識の断片を自由な想像力で埋めていくことで理解していく」と述べている。それでは、子どもの世界と大人の世界は、どちらが「豊か」であるといえるのだろうか。

確かに、「必要なものが満たされている」という通常の定義では、大人の世界のほうが「豊か」といえるかもしれない。子どもは、知識も経験もないので、世界を正しく認識することができず、周囲で何が起こっているのかもよくわからない。その意味では、足りないものばかりともいえる。しかし、私は、子どもの世界のほうがむしろ「豊か」だと考える。

私は、「豊か」というのは「自由に想像力を働かせる余地がある」という意味と捉える。子どものころ、隣町との境に、大きな川が流れていた。向こう岸に巨大な煙突が見えていたが、私はそこが何か秘密の工場のように想像して、街全体もそうした秘密に覆われているようで、ワクワクしていた。少し大きくなって、自転車で隣町に行ってみると、それはただの銭湯で、煙突も思っていたよりずっと低かった。ただ、私の想像の中の秘密の工場は、子どもの私にとっては実在していて、世界を確実に豊かなものにしていた。それがただの銭湯だとわかった瞬間、私の世界はほんの少しだけ貧しいものになったのだ。

このように、私は子どもの世界のほうが「豊か」だと考える。

### 模範解答例（その2、子どもの世界のほうが「豊か」とする立場）

## 子どもの世界は、驚きに満ちている

筆者によれば、子どもは周囲の世界を理解するのに、わずかな知識の断片の隙間を自由な想像力で埋めていこうとする。そうしてつくられる子どもの世界は、大人の世界よりも「豊か」といえるのではないかと、私は考えている。

確かに、通常の意味で「豊か」といえるのは、大人の世界のほうだろう。子どもの頃は、知識も経験も足りないいものだらけで、知らない世界と向き合ってつねに不安を感じていたような印象がある。しかし、だからといって、子どもの世界のほうが「豊か」ではないとはいえない。

「豊か」であるとは、驚きに満ちていることだと私は考えている。子どもの頃は、見るもの、聞くものがすべて新鮮で、驚きに満ちていた。たとえば、セミの羽化をじっと観察していたことがあった。幼虫の背中に割れ目ができて、青白い成虫が出てくる様子は、驚きの連続だった。それからしばらくは、セミの鳴き声を聞くだけでドキドキした。だが、いまでは、セミの声を聞いてもうるさく感じるだけで、驚きは感じない。そうした驚きは無知からくるもので、驚きがなくなるというのは、それだけ世界を正しく理解できるようになることだと思うのだが、それは同時に世界から豊かさが失われていくことでもある。

以上のように、「豊か」といえるのは子どもの世界のほうだと私は考えている。

## 模範解答例（その3、大人の世界のほうが「豊か」とする立場）

## 世界の不足分を知識で満たしていくことが、子どもの成長だ

「子どもは周囲の世界を、わずかな知識の断片を自由な想像力で埋めていくことで理解していく」というのが、課題文の筆者の見方だ。それを踏まえて、では、子どもの世界と大人の世界は、どちらが「豊か」であるといえるのだろうか。

確かに、子どもにとって、世界は新鮮な驚きに満ちていて、自由に想像力を羽ばたかせられる舞台だ。子どもの頃の思い出を、しばしば魅力的なものに感じるのも、そうしたことがあるからに違いない。しかし、それが「豊か」といえるのか、私は疑問に思う。

「豊か」という言葉は、「満ち足りていて、不足のない状態」と捉えられる。子どもにとって世界が驚きに満ちているのは、それだけ子どもには知識と経験が不足しているからだ。子どもの私にとっては、夜の世界は何もかも真っ暗で、不安と恐れの対象でしかなかった。大きくなるにつれて、夜になっても何も存在まで失われるわけではないこと、いろいろな人が働いていたり活動を続けていたりすることなどがわかって、むしろ夜の世界が豊かさを伴って見えるようになってきたのだ。そうやって不足をなくし、世界を「豊か」にしていくのが子どもの成長ということであって、そうでないと、子どもは成長につれて豊かさを失うことになってしまうだろう。

したがって、私は大人の世界のほうが「豊か」といっていいと考える。

9 子ども

## 悪い解答例

子どもの世界と大人の世界とでは、どちらが「豊か」であるといえるのだろうか。

確かに、言葉の一般的な意味では、大人の世界のほうが「豊か」といえるだろう。大人は知識も経験も豊富なのに対して、子どもは何もかもが不足していて、世界を正しく認識できていない。そうしたことから、子どもの世界のほうが貧しいと考えるのは自然なことのように思える。しかし、それでも、私は子どもの世界のほうが「豊か」であると考える。

私は、「豊か」であるとは、多くのものが不足している状態をあらわすと考えている。何もかもが満ち足りていれば、それ以上何も必要がない。つまり、それ以上何も進歩したり発展したりする余地がないことになる。そうした状態は、「豊か」というよりは逆に貧しい状態といっていいのではないだろうか。大人の世界はすべてが満ち足りていて、それ以上新しい何かを付け加える余地がない。だからこそ、それは「貧しい」のである。逆に、子どもの世界は、知識も経験も何もかも不足している。だが、だからこそ、進歩したり発展したりする余地があるわけで、その意味では、子どもの世界のほうが「豊か」であるといっていいのではないか。

以上のように、私は子どもの世界こそが「豊か」であると考える。

POINT 1

第1部では、基本どおり、課題文のメインテーマを簡潔にまとめて示しておこう。

POINT 2

「豊か」の定義が、ユニークともいえるが、さすがに無理がある。実際、この後の論の展開も、たんなる屁理屈としか感じられない内容になってしまっている。「豊か」という言葉の定義自体ではなく、あくまでも「世界に対する子どもの認識の仕方」がテーマになっているので、その点は見逃さないでほしい。



POINT 3

設問には「自身の体験をまじえ」とあるが、それを忘れてしまっている。体験を書くのを忘れたために、無理のある論理展開になってしまったようにも思える。設問の条件は絶対なので、必ず守って書くこと。

# 10……若者

人文系の小論文では、若者論がテーマとして取り上げられることがしばしばあります。

受験生にとって身近な話題だからというのもありますが、それだけではありません。若者の行動や若者の抱える問題などは、その時代の社会状況や課題をよく反映しています。

つまり、若者の行動を通して、時代や社会のあり方が見えてくるわけです。そのために、小論文のテーマになりやすいのでしょう。

現代の若者についても、いろいろな立場からさまざまな分析がされています。そうした傾向について、大まかにでも押さえておくと、出題の意図がわかりやすくなるはずです。

現代の若者を論じるには、グローバル化や情報化、個人化といった社会の変化を抜きにすることはできません。

## テーマの解説

**とくに、前世代との大きな違いは、インターネットやSNSの普及**でしょう。

現代の若者は、そうしたネット環境が整い、誰もが携帯電話やスマートフォンを当たり前のように使いこなすようになった社会に育っています。

スマートフォンでなんでもできるようになったために、かえってパソコンがうまく使えない若者も増えているほどです。**現代の若者の意識や行動、人間関係のあり方などは、SNSに影響されている部分も大きい**でしょう。

一方で、少子化が進み、地域のつながりが薄れているので、かつてのように幅広い世代と交流をもつ機会も減って、同世代の仲のいいグループとしか交友関係をもたない若者も増えています。そうなると、仲間との関係性がすべてになってしまい、外の世界に関心をもたないようになっていきます。

日本自体が、ここ数十年経済的にも社会的にも停滞していて、グローバル化が進む反面、内向きに閉じた社会になってきたといわれています。そうした社会の閉塞的な状況が、若者の現状に反映しているともいえます。

**もうひとつ特徴的なのは、「若者」の範囲がかつてないほど広がっている**ことでしょう。

いまでは40代でも「若者」の枠の中に入れられてしまうことがあります。

その背景には、「若者」と一人前の大人との明確な線引きがなくなってきたことがあります。

かつては、結婚して家庭をもち、会社で責任のある地位につけば、もはや「若者」ではなく一人前の大人とみなされていました。

しかし、たとえば結婚できず、定職にもつけない人は、そうした段階を踏んで「若者」から卒業するルートを見つけるのが難しくなります。そうでなくても、出世や結婚ということにそれほど意味がなくなってしまえば、どこから「若者」とはいえなくなるのかが曖昧になってしまいます。

**こうした若者の状況は、晩婚化や非婚化が進む一方で、終身雇用・年功序列という日本的経営が成り立たなくなって、雇用が流動化しはじめた日本社会の現状を反映している**といえるでしょう。

ここでも、社会の不安定な状況が、若者のあり方に反映されているわけです。

もっとも、このまま少子高齢化が進めば、若い世代ほど社会保障費の重い負担を担わざるをえなくなるのは間違いありません。

今後、少子化によって若者の数が減り、若者が社会の中でどんどん少数派になっていきます。そうなると、若者の声も社会の大多数に届きにくくなり、政治に反映されにくくなってしまいます。

そうした状況に陥らないように、**社会全体で若者の声を拾い上げ、課題を共有していくことが、今後ますます重要になっていく**でしょう。

課題

次に掲げる文章は、『〈若者〉の溶解』という本の一部分です。この文章を読んで、「若者」や「世代間の違い」をめぐる著者の見解に対するあなたの考えを、600字以内で述べなさい。

（埼玉大学・教養学部　2020年度　設問一部改変）

若者論がしばしば「今日の若者は○×化しつつある」という変化の語りであるのに対して、そのような語りをなす人々の足下こそがより大きく変化してしまっているというのが本書の見立てである。その足下の変化とは、「若者」なるカテゴリーの輪郭が溶解し、もはや主語の位置を占めるのが難しいほどにまで不明瞭化してしまった、というものである。例えば、ごく単純に年齢のことだけを考えてみてもこのことは容易にみて取られる。政府の若者施策の大綱ともいうべき「子ども・若者ヴィジョン」における若者の定義をみると三〇代を含むとされており、三九歳まで「若者」と認定されている。政策対象としての若者の上限は、一九九〇年代より少しずつ上昇し、ついに四〇手前まで達してしまったわけだ。

今や「若者」カテゴリーは、「若者は……」という言明を無意味化させかねないほどに溶解しつつある。このことを誰よりもはっきり指摘したのは、古市憲寿であった。古市は、若者を一枚岩であるかのように扱う態度が、彼らの内部のさまざまな差異を見落としてきたのではないかと指摘している（古市 2011）[注一]。男性なのか女性なのかによって同じ若者でも抱える問題は大きく違うはずだ、と彼はいう。住んでいる場所が都市部なのか非都市部なのかによっても違うだろうし、出身階層によってもちがうだろう。そういった諸々の差異を無視して、単に年齢が近いというだけで一つのカテゴリーに括るのは考えてみればひどく乱暴なことではなかったか。そう古市は問う。「若者は……」という言明よりも、「地方出身者は」「女性は」「出身階層が然々のものは」といったそれの方が、より生産的なものでありえるのではないか、と。

「若者は○×化している」と語るとき、その足下で進行しているのは主語としての「若者」の解体であった、というわけだ。他方この解体は、別の角度からみると、別の同質性の浮上でもある。例えば世代間の価値意識の接近は、そのような同質性の典型である。

世代間には常に価値観のギャップがあるとよくいわれる（嘆かれる）が、データが示しているのはそれとは反対の事態の進行である。ＮＨＫ放送文化研究所が一九七三年以来五年ごとにおこなっている「日本人の意識」調査によると、基本的な価値の軸において世代間の差異は若い世代になるにつれて小さくなっていくのだという（見田２０１１）[注二]。例えば、六〇代の人々と五〇代の人々との違いに比較して、五〇代と四〇代の間のそれは小さいものとなっており、四〇代と三〇代とではそれがさらに小さくなる。しばしば嘆かれている価値観の違いは世代が下がるほど小さくなってきており、今やほとんど消滅しかけているのである。世代のまとまりが、ある世代に属する人々に価値観が共有されている度合いに応じて現れてくるものであるとしたら、そのようなまとまりの輪郭は次第にみえにくいものとなってきているわけだ。

その一方で、世代間の違いがみえにくくなっていくのに応じて、別の種類の違いが浮かび上がってもくる。すなわちメディア技術の進展がメディア経験の世代差を縮小させていく結果、世代を超えたまとまりが形成されるようになりつつある。例えば、どの世代であるかということよりも、特定のアニメなりマンガなりのファンであるということが人々を結びつける媒体となる。世代間の差異が減少するのと並行して、世代横断的な文化的なまとまりが乱立することになるだろう。

宮台真司は、若者がその内部で趣味や関心に即して小さなコミュニティに分化し、それらが互いに没交渉になっていく状況を「島宇宙化」と呼んだ（宮台 1994）[注三]。だが、島宇宙化は若者内部の分化と断片化とを意味するのみならず、相対的に世代の境界を超えたつながりの創出でもある。たしかに文化的な断片化は進行しているかもしれない。しかしそこでみられる文化的なコミュニティはもはや「世代の」文化とは呼びにくいものとなるであろう。ここでも「若者は島宇宙化しつつある」という言明はその主語の機能失調に見舞われつつある。

（川崎賢一・浅野智彦編「〈若者〉の溶解」勁草書房、二〇一六年、より）

（注一）古市（2011）古市憲寿『絶望の国の幸福な若者たち』講談社、二〇一一年。
（注二）見田（2011）見田宗介『定本　見田宗介著作集1』岩波書店、二〇一一年。
（注三）宮台（1994）宮台真司『制服少女たちの選択』講談社、一九九四年。

## 課題の解説

この課題文は、若者論としてもかなりユニークです。**課題文がいっているのは、「今日の若者は……」といった若者論の枠組みが、現代ではもはや通用しなくなりつつある、ということ**です。

「若者」と一括りにできるような内実が薄れ、同じ若者でも性別や住んでいる場所、出身階層などによって価値観が違ってきています。一方で、世代間のギャップも薄れつつあり、世代間の違いよりも世代を超えた価値観の共有が目につくようになってきています。

つまり、**「現代では若者論は成り立たない」といっている**わけですが、**「若者をダシにして現代を語る」という点では、これも立派な若者論**といえるでしょう。

そうした変化が生じたのは、「テーマの解説」でも少し触れたように、いわゆる「若者」から一人前の大人への変化が見えにくくなったことがあります。

また、情報化が進んで、異なる世代が同じアニメを見るなどの経験を共有することも多くなったので、「若者」に限らず世代の違いで価値観などを区別することの意味も薄れてきています。

そうなると、**「若者」という枠組みに基づいて社会の状況や問題を考えることにも、あまり意味がなくなってきている**ともいえます。

いずれにせよ、**「若者」というカテゴリーで現代社会の状況を考えることの意味をどう考えるか、という点がポイントになるはず**です。

## 攻略のポイント

設問では、課題文を読んで、「『若者』や『世代間の違い』をめぐる著者の見解」について論じることが求められています。

筆者のいうように、「若者」の枠組みが薄れ、世代間の違いがなくなりつつある状況の是非を論じることもできますが、そうした状況自体はよいとも悪いともいいにくいものなので、それではあまり説得力のある論にはならないでしょう。

それよりも、筆者の見解が正しいかどうかを問題提起して、イエスの立場でそれを別の角度から検証していく形のほうが書きやすいはずです。

たとえば、課題文では「若者が一枚岩ではなくなった」という点がくわしく説明されているわけではないので、その背景や要因などを掘り下げて論じることもできます。

あえてノーで書くとすれば、「若者」という枠組みをなくすことのマイナス面を考えることができます。たとえば、時代の変化にかかわらず、若い世代の共通に抱えている問題というものも、必ずあるはずです。

一方で、高齢化が進むにつれて、若者の政治的な意見や立場が社会の大多数に届く機会も少なくなっています。

その意味では、筆者のような考え方は、若者の実際に置かれている状況を見えにくくし、若者の抱えている問題点をうやむやにする危険がある、という論じ方もできるでしょう。

このタイプの課題の答案は、同じ若者として感情論になりがちなので、現代日本の状況を踏まえた冷静で客観的な議論が必要です。

## 模範解答例（その1、イエスの立場）

### 年功序列が薄れて、「若者」の意味もなくなっている

筆者は、「若者」がもはや一括りにできる存在ではなくなり、世代間の違いもあまり意味をなさなくなってきていると述べている。そうした筆者の見解は正しいのだろうか。

確かに、「若者」という枠組みがまったく無意味とまではいえないだろう。ある世代に共通の状況や問題点は必ずあり、それは時代が違っても共通しているはずだ。若者の苦悩を主題にした文学作品などが読まれ続けているのもそのためだ。しかし、全体として、「若者」という枠組みがかつてほど大きな意味をもたなくなっていることは否定できない。

かつての日本で、若者というカテゴリーが大きな意味をもっていたのは、年功序列がはっきりしていたからだ。多くの人が、高校や大学を卒業して就職し、やがて結婚して家庭をもち、会社で出世して、定年になって退職する。そうした人生のコースがはっきりしていたので、世代ごとに共通の悩みや問題も多かった。ところが、現在は、年功序列が崩れて、そうしたレールから外れた生き方をする人も増えている。二十代の非正社員は、同世代の正社員よりも四十代の同じ非正社員とのほうが、共通の悩みを抱えていることも多いだろう。つまり、「若者」というだけでなく、世代の違いで人を定義づけることにもあまり意味がなくなっているのだ。

したがって、私は「若者」や「世代の違い」に関する筆者の見解は正しいと考える。

模範解答例（その2、イエスの立場）

## 情報化の進展によって世代の違いに意味がなくなった

筆者は、「若者」がもはや一括りにできるカテゴリーではなくなり、世代間の違いも薄れてきていると論じている。はたして、そうした筆者の見解は正しいのだろうか。

確かに、「若者」という枠組みをなくすことには問題点もある。少子高齢化が進み、若い世代の地位が相対的に低くなってきている。そのため、筆者のような考え方は、若い世代の置かれている状況や共通に抱える問題点を見えなくさせる恐れもあるのだ。しかし、それでも、かつてのように「若者」というカテゴリーが大きな意味をもつ状況ではなくなっているのは間違いない。

そうなった要因には、情報化の進展があるだろう。インターネットが普及し、メディアのあり方が大きく変わった。かつては、たとえばあるアニメ作品は、リアルタイムで見ていた世代には知られていても、それ以外の世代には知られていないのがふつうだった。ところが、現在は、インターネットのサブスクリプションやケーブルテレビなどを使えば、どの時代のどんな作品でも見ることができる。そのため、世代を超えて、同じアニメ作品のファンとして仲間意識をもつこともありうるわけだ。そうなると、人々を世代の違いによって括ることの意味も薄れてしまう。

このように、私は「若者」や「世代の違い」に関する筆者の見解は正しいと考える。

## 模範解答例（その3、ノーの立場）

# 若者の置かれている状況から目をそらすべきではない

筆者は、現在では「若者」がもはや一括りにできる存在ではなくなり、世代間の違いが薄れてきていると述べている。では、その見解ははたして正しいといえるだろうか。

確かに、若者と一括りにすることで、性別や出身、学歴などの違いから生まれる問題点が見えにくくなってしまうことは問題だ。同じ「若者」でも、都市出身の大卒の男性と地方出身の高卒の女性とでは、置かれた状況も問題もまったく異なるだろう。世代間の違いだけでなく、多様な枠組みから現代日本の問題を考える視点は必要だ。しかし、だからといって、「若者」という枠組みそのものが無意味とまではいえない。

若者の内実がいかに多様だといっても、世代間の違いは大きい。若い世代に共通の問題点というものはいつの時代にもあるはずだ。そのうえ、現代日本では、少子高齢化が進むことで、若者の地位も相対的に低くなっている。社会保障費など、若い世代になればなるほど負担が大きくなるにもかかわらず、数が少ないために、若い世代の声が政治に反映されにくくなっているのだ。「若者」の枠組みをなくすことは、そうした若者の苦しい立場をさらに追い詰めることにしかならないだろう。

したがって、私は「若者」に関する筆者の見解は正しいとはいえないと考える。

## 悪い解答例

筆者は、現在では「若者」がもはや一括りにできる存在ではなくなり、世代間の違いも薄れてきていると論じている。つまり、筆者は「若者」という言葉自体にもはや意味がないといいたいのである。はたして、筆者の見解は正しいといえるのだろうか。

確かに、若者といっても、男性なのか女性なのか、住んでいるのが都市部か非都市部か、出身階層がどこかによって異なるというのは、そのとおりかもしれない。その意味では、若者を一括りにするのは意味がないという意見もわからなくもない。しかし、私は筆者の見解は間違っていると考える。

いまの日本は、デフレ不況が長年続いて、経済的にも社会的にも停滞しているといわれている。そうした日本の状況をもたらしたのは、大人たちだ。そうして、大人たちがつくり上げた現状の犠牲になっているのは、線引きをどうするにせよ、若い世代であることに違いはないのである。性別や住んでいる場所で多少の違いがあるとしても、上の世代がつくり上げた社会のシステムによって若い世代が犠牲になっているという点は否定できない。それなのに、いまさら「若者というカテゴリーには意味がない」などというのは、若い世代に負わされた問題の深刻さから目をそらすための暴論としか思えないのだ。

したがって、私は「若者」や「世代の違い」についての筆者の見解は正しくないと考える。

樋口先生の
コメント

POINT 1

筆者はそこまでは言っていないはず。筆者の言っていないことまで書かないようにしよう。

POINT 2

この部分は、たんに課題文に書いてあることを引き写しただけになっている。反対意見も、自分なりに考えて、自分の言葉で説明すること。

POINT 3

言いたいことはわかるが、これではたんに被害者意識に基づく感情論にすぎなくなってしまう。「若者という枠組みをなくすことで、若い世代の置かれている深刻な状況が見えなくなる」という指摘自体は的確なので、もっと正確な現状分析を踏まえて、論理的・客観的に論じることが必要だ。

【著者紹介】
**樋口裕一**（ひぐち　ゆういち）
1951年大分県生まれ。早稲田大学第一文学部卒業。多摩大学名誉教授。小学生から社会人までを対象にした通信添削による作文・小論文の専門塾「白藍塾」塾長。
著書に250万部のベストセラーになった『頭がいい人、悪い人の話し方』（PHP新書）のほか、『小論文これだけ！』（東洋経済新報社）、『読むだけ小論文』（学研）、『ぶっつけ小論文』（文英堂）、『ホンモノの文章力』（集英社新書）、『人の心を動かす文章術』（草思社）、『音楽で人は輝く』（集英社新書）、『65歳 何もしない勇気』（幻冬舎）など多数。

**大原理志**（おおはら　まさし）
白藍塾講師。1966年高知県生まれ。広島大学総合科学部卒業後、立教大学大学院文学研究科博士課程後期満期退学。著書に『まるまる使える小論文必携』（桐原書店）、主な共著に『小論文これだけ！教育超基礎編』『小論文これだけ！教育深掘り編』『小論文これだけ！模範解答 超基礎編』（以上、東洋経済新報社）などがある。

〈白藍塾問い合わせ先&資料請求先〉
〒161-0033
東京都新宿区下落合1-5-18-208
白藍塾総合情報室（03-3369-1179）
https://hakuranjuku.co.jp
お電話での資料のお求めは
フリーダイヤル0120-890-195

小論文これだけ！模範解答　人文・情報・教育編

2021年10月28日発行

著　者――樋口裕一／大原理志
発行者――駒橋憲一
発行所――東洋経済新報社
〒103-8345　東京都中央区日本橋本石町 1-2-1
電話＝東洋経済コールセンター　03(6386)1040
https://toyokeizai.net/

装　丁…………豊島昭市（テンフォーティ）
D T P…………アイランドコレクション
編集協力………山崎潤子
編集アシスト……近藤彩斗
校　正…………加藤義廣／佐藤真由美
印　刷…………東港出版印刷
製　本…………大口製本印刷
編集担当………中里有吾
　ISBN 978-4-492-04701-9